ISBN 978-3-649-65013-3
© 2025 Coppenrath Verlag GmbH & Co. KG
Hafenweg 30, 48155 Münster, Germany
Illustrationen: © 2025 Marjolein Bastin
Textsatz und grafische Gestaltung: Beate Kahramanlar
Redaktion: Leonie Schlüter

Alle Rechte vorbehalten. Die Nutzung des Werkes für das Text- und Data-Mining nach § 44b UrhG ist dem Verlag ausdrücklich vorbehalten und daher verboten, ausgenommen sind gemeinfreie Textstellen.

www.coppenrath.de

Inspirierende Frauen

Geschichten & Gedanken

COPPENRATH

Inhalt

Fräulein Nettes kurzer Sommer | *Karen Duve*	5
Lieblingsblick | *Annette von Droste-Hülshoff*	13
Around the World in 72 Days. Die schnellste Frau des 19. Jahrhunderts | *Nellie Bly*	17
Das glückliche Tal | *Annemarie Schwarzenbach*	31
Auf Basidis Dach | *Mona Ameziane*	35
Wenn Träume wahr werden | *Ildikó von Kürthy*	45
Jane Eyre | *Charlotte Brontë*	49
Stolz und Vorurteil | *Jane Austen*	61
Auf See | *Theresia Enzensberger*	75
Lyrische Novelle | *Annemarie Schwarzenbach*	83

Junge Frau, am Fenster stehend, Abendlicht, blaues Kleid | *Alena Schröder*	85
Briefe aus dem Gefängnis | *Rosa Luxemburg*	97
Dschinns | *Fatma Aydemir*	103
Lebt wohl | *Annette von Droste-Hülshoff*	112
Jugenderinnerungen | *Sofja W. Kowalewskaja*	115
22 Bahnen | *Caroline Wahl*	127
Frauenseelen | *Gabriele Reuter*	133
Anne auf Green Gables | *Lucy Maud Montgomery*	145
Am Morgen | *Betty Paoli*	150
Quellen	152

Wenn Annette von diesen Gesprächen zurück in ihr Zimmer kam, gab sie sich Mühe, die Großmutter nicht zu wecken, damit diese nicht mitbekam, wie aufgewühlt sie war. Nie würde sie nach Afrika kommen, nie, nie, nie. Keine Abenteuer erleben, keinen merkwürdigen Ritualen beiwohnen – bloß weil sie kein Mann war. Kein Kampf als der ständige Kampf gegen die eigenen Sehnsüchte. Das Einzige, was sie von der Welt je zu sehen bekommen würde, waren diese lauwarmen Bäder und die Parkanlagen. Manchmal weinte sie wie ein Kind, während die Großmutter schnarchte. Und außerdem war sie auch noch krank. Krank, krank, immer krank. Und ganz gleich, wo immer ihre Beschwerden saßen, Dr. Ficker erkannte in jedem Körperteil die naturgesetzlich vorgegebenen Beweise für die Unterordnung ihrer weiblichen Beschaffenheit unter der des Mannes. Die Lunge war schließlich kleiner und die Harnröhre lag ja nun mal bloß innen. Selbst der Stuhlgang war weniger. Eine so minderwertige Anatomie verlangte nun einmal eine ruhige und sittsame Lebensweise.

Dr. Ficker hatte inzwischen direkte Asthenie bei ihr diagnostiziert und ihre Kraftlosigkeit auf eine Abnahme der vitalen Erregung, einen Mangel an Stimulans zurückgeführt.

»Das Leben selber ist ja ein erzwungener Zustand«, hatte Dr. Ficker gesagt, »ein Zustand, der erst durch die Reize der Umgebung aktiviert wird. Die neuen Wissenschaften beginnen diese Zusammenhänge gerade erst zu verstehen.«

Voller Hoffnung hatte Annette eine stimulierende Bergwanderung vorgeschlagen, aber davon wollte Dr. Ficker nichts hören.

»Nicht in Ihrem fragilen Zustand.«

»Oder ich könnte eine Glashütte besichtigen.«

»Nun, vielleicht später«, sagte Ficker. »Der Anblick wirkt tatsächlich stimulierend und unser großer Goethe nennt die Glasbläserei eine der wichtigsten und wunderbarsten Werktätigkeiten des menschlichen Kunstgeschickes. Aber vorerst sind Sie mir zu schwach.«

Er hatte den Heckengarten empfohlen, in dem Pflanzen standen, die der Freiherr Sierstorpff eigens nach ihrer Eignung zur Steigerung der Stimmungen und Gefühle ausgewählt hatte. Pflanzen, die durch ihre Farben, Düfte und Formen heilten.

»Pflegen Sie Ihre Empfindsamkeit. Aus dem Sitz des Gefühls der Frau im Rückenmark ergibt sich ihr reiches und feines Empfindungsvermögen. Leider hängt damit auch die Unfähigkeit zusammen, konsequent zu handeln und zu abstrahieren. Man kann eben nicht alles haben.«

Nein, das konnte man nicht. Aber Annette hatte trotzdem nicht die Absicht, sich der pastoralen Stimmung des Heckengartens auszusetzen. Sie war dieses traurige Hüten allmählich leid, dieses erbärmliche sorgfältige Leben, wo der Körper dem Geist vorschrieb, was er zu tun und zu lassen hatte. Sich schonen. Wasser schlürfen. Journale lesen und Karten spielen, bis man sich siech und armselig fühlte. Sie war es leid, leid, leid. Und das zärtliche Gegrabbel und

Gewisper der Decken war sie erst recht leid. Und die Geschichten von fernen Ländern, die sie doch nie sehen würde, allmählich auch. Und diesen elenden kranken Körper, den vor allem. Warum nicht einfach die ganze verglimmende Lebenskraft an einem einzigen wunderbaren Tag lohhell aufflammen lassen? Einmal machen, wozu man Lust hatte. Sich richtig müde laufen. Abends erschöpft einschlafen. Und dann konnte man ja immer noch sehen, wie es einem am nächsten Tag ging.

Sie steckte ihre Lorgnette ein, schnappte sich den Wanderstab der Großmutter und tat, als wenn sie zum Rosenberg unterwegs wäre. Als sie sich unbeobachtet fühlte, bog sie nach links in die Pappelallee ab. Leider begegnete sie an der Baustelle, wo Sierstorpff ein weiteres dreistöckiges Logierhaus bauen ließ, der Kapelle der böhmischen Musikanten. Als sie ihrer ansichtig wurden, drehten sie sofort um und liefen hinter ihr her, *Wach auf mein Herz* spielend. Auffälliger ging es ja nun nicht. Zum Glück waren weder die Großmutter noch die Decken in der Nähe.

Der Pfad lief eben und führte dann sogar ein wenig abwärts. Die böhmischen Musikanten waren inzwischen zurückgeblieben. Nette querte die stinkende unerquickliche Stadt, dann nahmen ernste, hohe Fichten sie auf. *Knackert.* Das Fatzer-Wort für Wald war *Knackert*. Ein kleiner Wasserfall schoss aus der Höhe herab, den sie auf einer grob gezimmerten Brücke überwand. Sie blieb einen Moment stehen, ließ sich Wasserstaub ins Gesicht und auf

die Lorgnette wehen und betrachtete den Waldboden neben dem Bergbach, der ganz blau von Glockenblumen war. Zwei große Fichten hatten dem Unterspülen ihrer Wurzeln nicht standgehalten und bildeten eine zweite und dritte Brücke. Von hier ging es auf den Knochen. Wenn schon Berg, dann auch gleich den höchsten. Der Pfad führte wieder aus dem Wald hinaus. Ausgedehnte Getreidefelder zogen sich über Tal und Höhen. Keine Obristin Decken, die an ihr herumstreichelte, keine Großmutter, die von ihr verlangte, sich wie Knetgummi an die Erwartungen und Forderungen der Gesellschaft anzuschmiegen. Weit entfernt schoss jemand eine Kanone ab und das Echo donnerte immer leiser werdend zwischen den Berghängen hin und her, bis es sich in einem kaum hörbaren Murmeln verlor. Nette nahm wieder die Lorgnette heraus und sah zur Feste Iburg hinüber. Einige Badegäste klommen gebückt den kleinen runden Berg zur Ruine hinauf. Sie konnte die ungezogenen Kinder der Decken an ihren Strohhütchen ausmachen. Wahrscheinlich stöberten sie wieder nach Dendriten, die sie dann am Abend stolz als Fossilien herumzeigen würden.
Und wieder ging es in eine dichte, wilde Waldeshalle. Hier war es dämmrig und kühl und eine beinahe schmerzliche Stille umfing Annette. Je höher sie den steilen Pfad erklomm, desto mehr lichteten sich die Bäume. Sie keuchte jetzt, machte immer wieder Pausen und stützte sich auf ihren Stock. Einmal musste sie über einen Sturzbach springen und wäre beinahe gestürzt. Nur das nicht: hier ganz

allein mit einem verdrehten Knöchel liegen. Es würde schon dunkel sein, bevor man überhaupt anfing, nach ihr zu suchen, und die Großmutter würde sich fürchterlich aufregen.

Schließlich kam sie auf eine ausgedehnte, kugelförmige Kuppe, die gänzlich von Bäumen entblößt und nur mit einem dichten weichen Teppich aus Moos und Heidekraut bedeckt war. Um sie herum Berge wie Meereswogen. Nichts zwischen ihr und dem Himmel. Sie legte sich ins warme Moos, beobachtete eine Kröte, die sich neben ihrem Kopf durchs Kraut mühte, und blinzelte in den Himmel. Wenn sie ihre Augen entspannte, sah sie die Staubkörner und dünnen Fädchen im eigenen Augenwasser schwimmen.

Natürlich kam die Sache raus. Nette war außerhalb des Parkgeländes gesehen worden.
»Für einen so kühnen Unternehmungsgeist wie den Ihren bräuchte es die Anatomie eines Mannes«, stellte Dr. Ficker am nächsten Morgen fest. »Die strafferen Nerven, die größeren Knochen und die stärkeren Muskeln mit den festeren Fasern.«
Er hatte sie außer der Reihe zu sich zitiert.
Mit zwei Fingern hob er ihr zartes, knochiges Handgelenk an.
»Seien Sie froh und dankbar, dass Sie nicht die saure Lebensreise der Männer mit ihren großen und ernsten Wirkungskreisen vor sich haben. Zu viele Reize schaden bei

Ihnen noch mehr als zu wenige. Wenn man so weiche Nervenbänder wie die Ihren durch exzessive Stimulation erschöpft, kann es irgendwann überhaupt keine Reaktion mehr auf Außenreize geben. Wie steht es eigentlich um Ihren Fluss?«

»Meinen Fluss?«

»Ihre monatliche Reinigung. Ist sie beschwerdefrei?«

»Oh. Ja. Nein. Meistens habe ich Krämpfe. Manchmal sogar sehr schlimm. Ich habe schon überlegt, ob ich mich deswegen mesmerisieren lassen sollte.«

»Mesmerisieren? Sie meinen den sogenannten animalischen Magnetismus? Reine Scharlatanerie! Ich bitte Sie, gnädiges Fräulein – Fluide, die einerseits alle Organismen beleben und gleichzeitig den Weltäther, den Kosmos durchdringen sollen? Hokuspokus! Haben wir dafür die Aufklärung gehabt? Beschwerden beim monatlichen Fluss rühren meistens von der heute üblichen Überernährung her. Obwohl das bei Ihnen ja eher nicht anzunehmen ist. Wie alt sind Sie jetzt? Dreiundzwanzig schon? Denken Sie an Heirat! Im wahren Ideal des Weibes findet kein Monatsfluss statt. Spüren Sie manchmal die Neigung, Feuer zu legen. Nein? Gut.«

Er verordnete zwei Tage Bettruhe. Nur zum Trinken und zu den Mahlzeiten durfte sie aufstehen. Zwischendurch las sie im *Journal für Literatur, Kunst, Luxus und Mode* einen Artikel über die Nützlichkeit der Gasbeleuchtung, einen über neue geschmackvolle Fenster-Draperien und einen über ein praktisches Tisch-Spinnrad.

Die Großmutter drohte, sie zurück nach Hülshoff zu schicken.

»Schließlich bin ich für dich verantwortlich. Wenn dir nun etwas passiert wäre – krank wie du bist.«

»In den letzten Tagen habe ich immer gut Luft bekommen.«

»Es geht nicht nur um deine Gesundheit, sondern auch um den Eindruck, den du hinterlässt. Hier wird viel getratscht, und wenn du dich nicht den Regeln unterwirfst, zerstörst du dir alle Aussicht auf eine gute Heirat.«

»Ich will gar nicht heiraten.«

»Ach ja? Und was willst du stattdessen? Deiner Familie ein Leben lang auf der Tasche liegen? Als alte Jungfer zu allen Freuden des Lebens immer nur die Gartenzaunbillette bekommen?«

Die Obristin Decken versprach, fortan ein Auge auf Annette zu haben, aber das beruhigte die Großmutter auch nicht wirklich. Die Decken war irgendwie seltsam.

Es gibt eine Stelle, die mir sehr lieb ist, und der Winter muss es arg treiben, soll ich sie nicht jeden Tag begrüßen, wenigstens einmal; bis jetzt habe ich den größten Teil der gestohlenen Zeit dort verlebt. Hören Sie! (…)
Es ist ein Gartenhäuschen an der höchsten Stelle des Waldes, wo sich die Aussicht ins Tal öffnet. Zwei Wege gibt es dorthin, einen steil und dornig, wie den der Tugend, und ihn pflege ich zu gehen oder vielmehr zu klettern; denn er bringt mich in drei Minuten hinauf, wenn auch keuchend und halb tot; der andre gleicht dem der Sünde, breit und gemächlich, deshalb verschmähe ich ihn auch, zumal da er die Eigenschaft besitzt, eine Viertelstunde lang zu sein. Sie mögen gewählt haben, wen Sie wollen, wir sind jetzt jedenfalls oben. Es ist ein einsamer Fleck Erde, sehr reizend und sehr großartig. Ich sitze nur bei rauer Luft im Rebhäuschen, sonst davor unter einer großen Trauerweide, ganz versteckt durch die Reben, mit denen der Abhang bis ins Tal besetzt ist, das Tal selbst schmal und leer, das Gebirge gegenüber sehr nah und mit Nadelholz bedeckt, was es schwarz und starr aussehen lässt; so nun Berg über Berg, ein kolossales Amphitheater, und zuletzt die Häupter der Alpen mit ihrem ewigen Schnee, links die Länge des Tals vom Bodensee geschlossen, dessen Spiegel im Sonnenschein mich blendet und der überhaupt mit seinen bewegten Wimpeln und freundlichen Uferstädtchen hinüberleuchtet wie das Tageslicht in einen Grotten-Eingang. Es ist seltsam, wie die Klarheit der Atmosphäre jeden

Gegenstand heranrückt; ich bedarf hier nur einer guten Lorgnette, um meilenweit zu sehen, und dasselbe leisten andere mit freien Augen. In Hülshoff habe ich den Spiegel eines nicht fünf Minuten entfernten, großen Teiches nie deutlicher gesehen als hier am Rebenhäuschen den eine Meile fernen See, auf dem ich jedes Segel zähle, ja sogar in dem Städtchen Lindau am jenseitigen Ufer einzelne Gebäude unterscheide. Die Alpenhäupter nun gar, denen nicht viel mehr Luft als keine geblieben, scheinen oft so nah, dass man nur sogleich hinangehen möchte. Ich unterscheide jede Schlucht am Säntis so genau, dass ich meine, wenn ein Gämsenjäger daraus hervorträte, ich müsse es sehen, und doch sind's sechs gute Stunden bergauf, bergab bis zum Fuß dieses alten Herrn und zu seinem Gipfel. Von meiner Bank unter der Weide aus durchstöbere ich jede Schlucht, besteige ich jede Klippe, zwar nur in Gedanken, aber was so nah und deutlich erscheint, davon hat man schon so genug und glaubt nichts Neues gewinnen zu können durch Annäherung.

Hier träume ich oft lange, komme oft recht verklammt zurück, denn die Abende werden allmählich frisch; aber hier droben ist meine Heimat, hier geht alles an mir vorüber, was ich nur in meinem Herzen habe mitnehmen können. Vieles, vieles. Wenn ich den ganzen Tag mit anderen Vorstellungen bin gefüttert worden, hier mache ich mein eigenes Schatzkästlein auf und reiche Ihnen, mein teurer Freund, von hier aus die Hand über so manche Stadt, so manchen Berg und den breiten Rhein.

NELLIE BLY

Around the World in 72 Days

Die schnellste Frau des 19. Jahrhunderts

DIE ABREISE

Am Donnerstag, den 14. November 1889, um 9 Uhr, vierzig Minuten und dreißig Sekunden begann ich meine Reise um die Welt.

Alle, die die Nacht für den besten Teil des Tages halten und finden, dass der Morgen zum Schlafen da ist, wissen, wie unangenehm es ist, aus irgendeinem Grund mit – nun ja, mit dem Milchmann aufstehen zu müssen.

Ich drehte mich noch einige Male um, bevor ich mich entschloss, mein Bett zu verlassen. Verschlafen fragte ich mich, weshalb mein Bett ausgerechnet jetzt so gemütlich war und warum der Schlummer, der die Gefahr birgt, einen Zug zu versäumen, so viel süßer ist als jene Stunden Schlafes, die frei von Verpflichtungen sind. Ich nahm mir halb vor, nach meiner Rückkehr gelegentlich so zu tun, als müsse ich dringend aufstehen, nur um in den Genuss des geraubten Schlafes zu gelangen, ohne dabei etwas zu verpassen. Über diesen Überlegungen nickte ich friedlich ein. Kurz darauf fuhr ich mit einem Schrecken hoch und fragte mich bestürzt, ob ich das Schiff noch rechtzeitig erreichen würde.

Natürlich wollte ich losfahren, aber ich dachte träge: Wenn einige dieser guten Leute, die mit so viel Zeitaufwand Flugmaschinen konstruieren, mit nur einem Teil ihrer Energie ein System erfinden könnten, nach dem Schiffe und Züge immer mittags oder später abfahren, so würden sie der leidenden Menschheit einen größeren Dienst erweisen.

Ich versuchte zu frühstücken, doch es war noch zu früh, um Essen herunterzubringen. Es nahte der letzte Augenblick daheim. Hastig küsste ich meine Lieben, und dann eilte ich blindlings die Treppe hinab, um den Kloß in meinem Hals loszuwerden, der mich beinahe die vor mir liegende Reise bereuen ließ. »Keine Sorge«, sagte ich aufmunternd, weil ich das furchtbare »Lebewohl« nicht über die Lippen brachte, »stellt euch einfach vor, ich mache Urlaub und amüsiere mich so gut wie noch nie.«

Auf dem Weg zum Schiff redete ich mir selbst Mut zu: »Es sind ja nur 45 000 Kilometer. Nur fünfundsiebzig Tage und vier Stunden und schon bin ich wieder zurück.«

Einige Freunde, die von meiner überstürzten Abreise wussten, waren zum Hafen gekommen, um mich zu verabschieden. Es war ein klarer und herrlicher Morgen, und solange das Schiff noch vertäut dalag, war alles gut. Als meine Freunde aber von Bord gehen sollten, wurde mir klar, was das für mich bedeutete. »Sei tapfer«, sagten sie, während sie mir zum Abschied die Hand drückten. Ich sah, dass sie Tränen in den Augen hatten, und versuchte zu lächeln, damit ihre letzte Erinnerung an mich eine heitere wäre.

Und doch fühlte ich mich verloren, als das Abfahrtssignal ertönte. Sie standen am Kai und ich auf der *Augusta Victoria*, die sich langsam, aber sicher von alldem entfernte, das mir vertraut war, um mich in ferne Länder und zu fremden Menschen zu bringen.

Mir schwindelte, und mein Herz fühlte sich an, als müsste es zerspringen. Nur fünfundsiebzig Tage! Das kam mir wie eine Ewigkeit vor. Die Erde erschien mir plötzlich nicht mehr rund, sondern wie eine einzige Weite ohne Ende, und – ach, jetzt würde ich doch nicht mehr kehrtmachen. Solange ich konnte, blickte ich auf die Menschen am Kai zurück. Ich war nicht so glücklich wie bei anderen Gelegenheiten in meinem Leben und verspürte das sentimentale Verlangen, mich von allem zu verabschieden.

»Jetzt fahre ich davon«, dachte ich traurig. »Werde ich jemals zurückkehren?«

Brütende Hitze, bittere Kälte, fürchterliche Stürme, Schiffsunglücke, Fieber – all diese Wohltaten hatte man mir vorhergesagt. Nun fühlte ich mich, wie sich jemand fühlen muss, der in einer Höhle in mitternächtlicher Finsternis gefangen ist und befürchtet, von allen möglichen Schreckgestalten verschlungen zu werden.

Der Morgen war wunderschön, und die Bucht sah reizend aus. Während das Schiff sanft und still dahinglitt, suchten die Menschen an Deck ihre Liegestühle und Decken zusammen und machten es sich darin bequem. Sie schienen entschlossen, es sich so lange wie möglich gut gehen zu lassen – schließlich wussten sie nicht, wann es sich jemand auf ihre Kosten gut gehen lassen würde.

Als der Lotse von Bord ging, eilten alle an die Reling, um ihn die Strickleiter hinabklettern zu sehen. Auch ich beobachtete ihn aufmerksam. Er aber kletterte hinunter in das Ruderboot, das ihn zum Lotsenboot bringen sollte, ohne uns zu beachten. Für ihn war es Routine, doch ich musste mich fragen, ob er, wenn das Schiff untergehen würde, es nicht bereuen würde, dass er sich nicht noch einmal umgeschaut oder etwas gesagt hatte.

»Jetzt beginnt Ihre Reise«, erklärte mir jemand. »Wenn der Lotse von Bord geht und der Kapitän das Kommando übernimmt, dann, und erst dann, beginnt unsere Fahrt. Von nun an sind Sie also unterwegs auf Ihrer Reise um die Welt.«

Irgendetwas an seiner Rede lenkte meine Gedanken auf das Übel der Seekrankheit. Ich hatte noch nie zuvor eine Schiffsreise unternommen und musste mich daher auf ein munteres Gerangel mit dem Fluch der Wellen einstellen.

»Ist Ihnen nicht gut?«, fragte man mich teilnahmsvoll. Das genügte; ich stürzte zur Reling. Tränenblind sah ich herab. Gleichgültig gegenüber dem Urteil der wilden Wellen gab ich meinem inneren Drang nach.

Was die Seekrankheit angeht, sind die meisten Leute nicht besonders mitfühlend. Nachdem ich mir die Tränen abgewischt hatte, wandte ich mich um und blickte in die amüsierten Gesichter der anderen Passagiere. Mir ist aufgefallen, dass sie sich immer genau auf der Seite des Schiffs aufhalten, auf der es plötzlich über einen kommt.

Ihr Lachen machte mir nichts aus, aber ein Mann höhnte: »Und sie will die Welt umrunden!«

In das anschließende Gelächter fiel ich ein. Insgeheim war ich selbst erstaunt über meine Kühnheit: eine solche Tat vollbringen zu wollen, obwohl ich an Schiffsreisen überhaupt nicht gewöhnt war! Dennoch hegte ich nicht den geringsten Zweifel am Ausgang meines Abenteuers.

Selbstverständlich ging ich trotzdem zum Mittagessen. Das taten alle Passagiere, und fast alle hatten es sehr eilig. Ich folgte ihnen, oder vielleicht ging ich auch als Erste, ich erinnere mich nicht mehr. Jedenfalls sah ich auf der ganzen Fahrt nie wieder so viele Menschen im Speisesaal. Als das Essen serviert wurde, nahm ich mutig meinen Platz an der linken Seite des Kapitäns ein. Ich war entschlossen, meinen Impulsen zu widerstehen, doch im Grunde meines Herzens hatte ich die unbestimmte Ahnung, dass ich möglicherweise auf etwas gestoßen war, das stärker war als mein Wille.

Das Essen fing sehr angenehm an. Die Kellner bewegten sich beinahe lautlos, die Kapelle spielte eine Ouvertüre, und der gut aussehende und gesellige Kapitän Albers nahm seinen Platz am Kopfende des Tisches ein. Die an seinem Tisch platzierten Passagiere begannen mit einem Appetit zu essen, der nur mit der rasenden Fahrt eines Fluchtwagens auf freier Strecke vergleichbar ist. Ich war die Einzige am Kapitänstisch, die in der Seefahrt völlig unerfahren war – eine Tatsache, der ich mir ebenso schmerzhaft bewusst war wie meine Tischnachbarn.

Ich muss gestehen: Als die Suppe serviert wurde, war ich in peinliche Gedanken versunken und mit scheußlicher Furcht erfüllt. Alles war wunderbar, so wie ein unerwartetes Weihnachtsgeschenk, und ich gab mir die größte Mühe, den begeisterten Äußerungen meiner Tischgenossen über die Musik zu folgen. Insgeheim war ich jedoch mit einem Thema beschäftigt, über das man nicht sprach. Mir war erst kalt, dann war mir warm. Ich dachte, ich könnte eine Woche fasten, ohne jemals wieder Appetit zu empfinden. Tatsächlich verspürte ich den sehnsüchtigen Wunsch, kein Essen mehr sehen oder riechen, geschweige denn es essen zu müssen, bevor ich entweder an Land oder zu einem besseren Einvernehmen mit mir selbst gelangte. Als der Fisch serviert wurde und Kapitän Albers gerade eine gute Geschichte zum Besten gab, konnte ich mich nicht mehr beherrschen.

»Verzeihung«, flüsterte ich und stürmte hinaus, blindlings und wie von Sinnen. Man geleitete mich zu einem verschwiegenen Ort, wo ich meinen angestauten Gefühlen freien Lauf ließ und etwas zur Besinnung kam. Schließlich war ich wieder so weit hergestellt, dass ich mich entschloss, dem Rat des Kapitäns zu folgen und zu meinem angefangenen Essen zurückzukehren.

»Die einzige Methode, der Seekrankheit beizukommen, ist, sich zum Essen zu zwingen«, hatte mir der Kapitän erklärt, und ich fand dieses Mittel harmlos genug, um es auszuprobieren.

Am Tisch wurde ich mit Gratulationen zurückempfangen. Die

schamvolle Befürchtung, dass ich mich bald wieder unpassend benehmen würde, versuchte ich zu verbergen. Doch es war bald wieder so weit, und ich verschwand ebenso schnell wie zuvor.

Und noch einmal kehrte ich zurück. Dieses Mal fühlte ich mich bereits etwas schwach, und mein Vertrauen in meine Entschlossenheit ließ nach. Als ich mich hinsetzte, bemerkte ich den belustigten Blick des Stewarts. Ich verbarg mein Gesicht in meinem Taschentuch und erreichte würgend die Tür des Speisesaals.

Die Bravorufe, mit denen ich bei meiner dritten Rückkehr an den Tisch empfangen wurde, ließen mich meine Fassung beinahe erneut verlieren. Erleichtert stellte ich fest, dass das Essen gerade beendet war, und dann besaß ich noch die Kühnheit zu sagen, es sei sehr gut gewesen!

Bald darauf ging ich zu Bett. Noch hatten die Passagiere untereinander keine Bekanntschaften geschlossen. Daher hielt ich es für angenehmer zu schlafen, als im Musiksaal zu sitzen und den anderen Passagieren bei ihren Beschäftigungen am ersten Tag auf See zuzusehen. Es war kurz nach sieben Uhr, als ich zu Bett ging. Später erinnerte ich mich dunkel daran, dass ich aufwachte, um etwas Tee zu trinken, aber abgesehen davon und von einigen schrecklichen Träumen, war das Nächste, von dem ich weiß, dass eine muntere Stimme an der Tür meinen Namen rief.

Als ich meine Augen aufschlug, sah ich die Stewardess und eine Passagierin in meiner Kabine und den Kapitän in der Tür stehen.

»Wir fürchteten, Sie seien tot«, erklärte mir der Kapitän, als er sah, dass ich wach war.
»Ich schlafe morgens immer lange«, erwiderte ich entschuldigend.
»Morgens!«, rief der Kapitän mit einem Lachen, in das die anderen einfielen. »Es ist halb fünf am Abend!«
»Doch sei's drum«, fügte er tröstend hinzu. »Wenn Sie gut geschlafen haben, wird es Ihnen gut tun. Jetzt stehen Sie aber auf, und wir schauen mal, ob Sie ein ordentliches Essen vertragen können.«
Ich konnte. Ich aß von jedem Gang des Abendessens, ohne zurückzuweichen, und was noch außergewöhnlicher ist: Ich schlief in jener Nacht so gut wie nach einem Tag mit viel Bewegung an der frischen Luft.
Das Wetter war überaus schlecht, und das Meer war stürmisch, aber mir gefiel es. Meine Seekrankheit war verschwunden, doch ich war besessen von der Furcht, sie könnte zurückkehren. Trotzdem machte ich es mir bequem.
Die meisten Passagiere mieden den Speisesaal und nahmen ihre Mahlzeiten an Deck ein, wobei sie in einförmiger Beharrlichkeit ihre liegende Haltung beibehielten. Ein aufgewecktes und gescheites amerikanisches Mädchen reiste alleine nach Deutschland zu ihren Eltern. Voller Begeisterung nahm sie an allem teil, was dem Vergnügen zuträglich war. Sie redete viel und hatte zu allem eine Meinung. Ich habe selten, wenn überhaupt, jemanden wie sie getroffen. Gewandt erörterte sie sowohl auf Englisch als

auch auf Deutsch alle möglichen Themen von der Mode bis zur Politik. Ihr Vater und ihr Onkel sind in der Öffentlichkeit bekannte Männer, und anhand der Konversation dieses Mädchens konnte man leicht erkennen, dass sie das Lieblingskind ihres Vaters war. Sie war so unbefangen, geistreich und fraulich. Kein Mann an Bord kannte sich mit Politik, Kunst, Literatur oder Musik besser aus als dieses blonde Mädchen, und dennoch war sie von allen am schnellsten dabei, wenn es darum ging, sich ein Wettrennen an Deck zu liefern.

Ich finde es ganz natürlich, dass Reisende ihre unschuldige Freude daran finden, die Eigenheiten ihrer Mitreisenden zu studieren. Wir waren erst wenige Tage unterwegs, als alle Anwesenden bereits ihre Meinungen über die Abwesenden ausgetauscht hatten. Ich würde nicht behaupten, dass solchermaßen erworbenes Wissen von irgendeinem Nutzen ist oder dass jene Passagiere, die sich zusammentaten, einander nicht ebenso interessant oder bemerkenswert gefunden hätten. Nichtsdestotrotz war es harmlos und bot uns einiges Vergnügen.

Ich weiß noch, wie man mir erzählte, es gebe unter den Passagieren einen Mann, der nach jeder Mahlzeit seinen Puls maß. Und es waren herzhafte Mahlzeiten, die er zu sich nahm, denn er litt nicht unter der Seekrankheit. Ich konnte kaum erwarten, dass man ihn mir zeigte, damit ich ihn beobachten könnte. Wäre es mein Puls gewesen statt seinem eigenen, den er so sorgfältig überwachte, ich hätte nicht teilnahmsvoller sein können. Jeden Tag wurde ich neugieriger, bis ich mich kaum noch zurückhalten konnte, ihn zu fragen, ob sein Puls vor den Mahlzeiten anstieg oder danach fiel und ob er morgens genauso hoch war wie abends.

Ich verlor fast das Interesse an jenem Mann, als ich auf jemanden aufmerksam wurde, der die Zahl der Schritte zu zählen pflegte, die er jeden Tag ging. Dieser wurde wiederum uninteressanter, als ich erfuhr, dass eine Frau, die sehr stark an der Seekrankheit litt, sich ihrer Kleidung nicht entledigt hatte, seit sie ihr Zuhause in New York verlassen hatte.

»Ich bin überzeugt, dass wir alle untergehen werden«, vertraute sie mir eines Tages an, »und ich bin entschlossen, wenigstens angekleidet unterzugehen.«

Danach wunderte ich mich nicht mehr, dass sie so entsetzlich seekrank war.

Eine Familie, die von New York zurück nach Paris zog, hatte einen kleinen silbernen Skyeterrier bei sich, der den sonderbaren Namen »Home Sweet Home« trug. Zum Glück für den Hund, und ebenso für alle, die mit ihm zu sprechen veranlasst waren, wurde sein Name mit »Homie« abgekürzt.

Homies Überfahrt war zwar bezahlt, nach den Vorschriften des Schiffes war er jedoch der Obhut des Fleischers unterstellt – sehr zur Empörung seines Herrchens und Frauchens. Homie war solch strenge Haltung bislang nicht gewohnt, und seine einzigen glücklichen Augenblicke waren diejenigen, in denen man ihn an Deck kommen ließ.

Die Genehmigung wurde nur unter der Auflage erteilt, dass Homie sofort wieder nach unten müsse, wenn er bellte.

Ich fürchte, dass viele Stunden von Homies Gefangenschaft auf unsere Rechnung gehen, denn er hatte die Angewohnheit, wie wahnsinnig zu graben anzufangen, sobald jemand »Ratten« sagte, und wenn er grub, pflegte er seine Bemühungen mit kurzem, knappem Bellen zu unterstreichen.

Mit Bestürzung registrierten wir täglich, wie Homie vom Fleisch fiel. Wir wunderten uns, dass er an Gewicht verlor, während er in der Unterkunft des Fleischers eingesperrt war, doch wir schrieben diese Tatsache schließlich auch der Seekrankheit zu, der er wohl, ebenso wie einige der Passagiere, in der Abgeschlossenheit seiner Kabine nachgab.

Gegen Ende der Reise, als uns Würste und Hacksteak serviert wurden, wurde viel darüber getuschelt, ob Homie an jenem Tag schon gesehen worden war. Das Tuscheln wurde so besorgt, dass ich mich manchmal fragte, ob darin nicht eine Spur persönlicher Betroffenheit enthalten war, die über die Freundschaft zu dem Hündchen hinausging.

Immer wenn wir uns zu langweilen begannen, ließ Kapitän Albers sich etwas einfallen, um uns zu unterhalten. Jeden Abend nach dem Essen pflegte er den selben Brauch: Auf eine Karte zog er so viele Linien, wie es Herren am Tisch gab. Er markierte eine dieser Zeilen und faltete dann die Karte so, dass die Markierung nicht mehr sichtbar war.

Dann ließ er die Karte herumgehen, und jeder der Herren musste in einer Zeile unterschreiben.

Danach ging die Karte zurück zum Kapitän, und wir alle erwarteten mit angehaltenem Atem das Urteil. Der Herr, dessen Name in der markierten Zeile aufgedeckt wurde, musste die Zigarren und Schnäpse der anderen bezahlen.

Zahlreiche Unterhaltungen kreisten um die Vorurteile, die viele Ausländer gegenüber Amerika und den Amerikanern pflegen. Jemand merkte an, dass die meisten Menschen in anderen Ländern nicht imstande seien, die Lage der Vereinigten Staaten zu bezeichnen.

»Viele Leute denken, die Vereinigten Staaten seien eine kleine Insel mit ein paar Häusern darauf«, erzählte Kapitän Albers. »Einmal wurde mir in mein Haus nahe der Werft in Hoboken ein Brief aus Deutschland zugestellt, der an ›Kapitän Albers, erstes Haus in Amerika‹ adressiert war.«

»Ich erhielt einmal einen Brief aus Deutschland«, ergänzte der schüchternste Mann am Tisch, wobei sein Gesicht bei dem Klang seiner eigenen Stimme errötete, »mit der Anschrift ›Hoboken, gegenüber den Vereinigten Staaten‹.«

Während des Mittagessens am 21. November rief jemand, dass Land in Sicht sei. Die Geschwindigkeit, mit der alle den Tisch verließen und an Deck stürmten, wurde sicherlich nicht einmal von Kolumbus' Kameraden bei der Entdeckung Amerikas überboten.

Ich weiß nicht warum, aber ich betrachtete jene erste Spur der kargen Landschaft mit mehr Hingebung, als ich der schönsten Landschaft der Welt gewidmet hätte.

Das Land war noch nicht lange zu sehen, als sich die Decks mit verstört aussehenden, fahlgesichtigen Menschen füllten. Es war ganz so, als hätte das Schiff neue Passagiere aufgenommen. Wir konnten uns nicht vorstellen, dass sie aus New York kamen und die Zeit seit der Abfahrt in Abgeschiedenheit verbracht hatten.

... aber jeden Morgen, wenn ich mein Zelt verlasse, bin ich erstaunt über die wiedergeborene Schönheit dieses Tals. Noch herrscht Dämmerung, die Lampe der Nacht kaum erloschen, die Welt liegt in leichtem Höhenschlaf. Kein Wind regt sich. Die felsgekrönten Häupter der Berge berühren den Himmel. Die Tiere ruhen, die Vögel sind aus den Wolken gefallen, der Lahr-Fluss, nachts weit ausgebreiteter Mondstrom, Gefährte der Milchstraße, ist ein junges, murmelndes Gebirgswasser. Alles noch ohne Farbe, die Wiesen entkleidet und taufrisch, die Halden stumpfer Basalt, ihre steinigen Ränder Stirnreifen ohne Glanz, am anderen Ufer träumen die Pferde, graue Monumente.

In dieser Höhe gibt es keinen Nebel und der Rauch des kleinen Tschaikhane ist über Nacht kalt geworden. Meine nackten Füße im Gras, Frische rührt mich an, Schlaf und Traumwärme gleiten von den Schultern wie ein lästiger Mantel. Ich bin unverletzt, leicht, frei, kein Schmerz rührt mich an. Der Damāwand ist ohne Substanz, eine Vision der Frühzeiten. Majestätische Unschuld dieses Landes!

Das Licht streift schon durch den Himmel, der unermesslich hoch ist, ohne Gestirn, ohne Glocken, ohne Weihrauch. Da erzittert das Gewölbe wie unter einem Gongschlag. Es bricht – und in den klaffenden Riss stürzt das Licht, erreicht die fernsten Gebirge, schießt zwischen Felszacken hervor, wirft sich in die Schluchten, goldbraun strömt es die Halden hinab, fährt es über die Felsen zu

Tal. Die Schatten erkalten wie Lava, die Hügel glänzen wie warmes Fell von Wasserbüffeln, das Licht flieht wie eine Herde Gazellen durch alle Täler. Schau auf! Die Vögel haben ihre Schwingen wiedergefunden! Die Steinböcke kreuzen das Geröll der Abhänge! Kamele schreiten gravitätisch durch die Wildnis, senken die langen Hälse über das schmale Felsband hinaus, um ein Büschel Gras zu rupfen. Ihre Höcker schwanken, sie reiben die mageren Flanken gegeneinander, sie sind riesengroß, sie werden alsbald ihr Gleichgewicht verlieren und plump durch den Himmel hinabfallen auf unsere Zelte.

Wärme ergießt sich in das Tal, die Kiesbänke sind weißes Elfenbein zwischen dem Grün der Weiden. Unfaßliche Fülle! Wunderbare Regsamkeit! Die Soldaten des Schahs galoppieren auf ihren scheckigen Pferden den Saumpfad hinab, lange Peitschen wirbeln über ihren Köpfen, sie jagen die Stuten von ihren Ruheplätzen auf, sie treiben die zitternden, steifbeinigen Fohlen an, sie hetzen die Herde den Fluss entlang auf eine bessere Weide. Vor der Türe des Tschaikhanes steht der Wirt, eingehüllt vom blauen Rauch seines Samowars. Dieses Tal ist über Nacht eine begangene Straße geworden! Eine Karawane hochbeladener Maultiere kommt den Afjé-Pass hinunter, die Treiber gehen hinter den Tieren her, machen beim Tschaikhane halt. Talaufwärts ziehen Nomaden, eine vielköpfige Familie, eine ganze Sippe. Wo werden sie ihre Zelte aufstellen? – Die Weide des Talbodens ist karg, die Pferde des Schahs sind darüber hinweggetrabt. Die Nomaden überholen die geduldigen

Maultiere, streben der Passhöhe zu, die Kinder treiben schreiend die Esel an, die Frauen schreiten aufrecht, auf dem Haupt ein Bündel Lammfell, einen kupfernen Kessel. In ihrer Mitte geht ein Kamel, es ist ihr einziges, es überragt sie, als führten sie ein Götterbild mit sich!
Ich schaue noch: vielfältiges Leben. Da hat die erste Stunde des Morgens ihren Lauf um den Erdball angetreten. Ach hinaufzusteigen! Zu schauen vom Dach der Welt, über seine Randgebirge und Abstürze! Bis hinunter zur Bläue des Persischen Golfes, der von Wüsten umgürtet ist! Die Sonne steht hoch, noch ist es Sommer, noch zittert Hitze über der Ebene von Teheran, noch ist es kühl in den grünen Gärten von Schimran – noch ist es Zeit! Begierde, den Straßen zu folgen, den weißen Spuren, den Flüssen – Begierde, die Städte zu entdecken, die Oasen, die goldenen Dome über Palmen – oh, unstillbarer Durst!

Das Zuhause von Taxifahrer Mustafa Fès lag am Ende einer etwa hundert Meter langen Steinpiste, die von der Hauptstraße abführte. Sein Grundstück war mit zwei kleinen Häusern bebaut, die, wie fast alle Gebäude in der Gegend, farblich mit der umliegenden Landschaft zerflossen. Zusammen mit zwei Ställen bildeten sie eine Art Hof, auf dem etwas Wäsche an einer Leine trocknete. Noch bevor die Handbremse angezogen war, kamen zwei Mädchen in Schlafanzügen aus dem größten der Häuser gelaufen, gefolgt von einer jungen Frau mit Kopftuch. Sie blieb zögernd hinter den Mädchen an der Haustür stehen, und von ihrem Oberteil lachte uns ein etwas ausgeblichener Snoopy entgegen.

»Meine Frau und meine Töchter«, stellte Taxifahrer Mustafa Fès die drei vor und deutete mit einem auffordernden Nicken auf die Tür in der Lehmfassade.

Wir zogen die Schuhe aus und betraten einen kleinen Raum, der mit dunkelroten Teppichen ausgelegt war. Entlang der Wand lagen ein paar Kissen, in der Mitte stand ein kniehoher Tisch, die Wände wirkten kühl, und als ich mich setzte und meinen Rücken dagegenlehnte, stellte ich fest, dass sie es auch tatsächlich waren. Taxifahrer Mustafa Fès erzählte meinem Vater, wie er das Haus gebaut hatte (ohne jede Hilfe), an welcher Seite es vor Kurzem vergrößert worden war (hinten links) und welche Pflanzen auf seinem Grundstück wüchsen (hauptsächlich Granatapfel- und Bananenbäume). Ich hörte zu, blickte mich dabei lang-

sam im Raum um und entdeckte das halbe Gesicht eines kleinen Jungen, der vorsichtig um die Ecke der Haustür zu uns herüberlinste. Ich winkte, er zuckte zurück. Taxifahrer Mustafa Fès unterbrach sein Gespräch mit meinem Vater und schaute ebenfalls in Richtung Tür.
»Ah! Mein Sohn, komm her!«, rief er der Tür entgegen und lachte entschuldigend, als nichts passierte. Eines der Mädchen kam mit einem vollen Tablett aus der Küche und stellte Schälchen mit Oliven, Olivenöl, Honig und Frischkäse vor mir auf Tisch. Ihre Schwester verteilte Teegläser und Brotlaibe, und während ich mich bedankte und mit der einen Hand danach griff, tastete ich mit der anderen unauffällig nach den Rändern der Tischtücher zwischen meinen Knien. Drei Stück, also alles halb so wild.
Nach Jahren, in denen ich immer wieder pappsatt feststellen musste, dass nach dem vermeintlichen Hauptgericht noch zwei bis vier weitere Gänge folgen würden, ist das Zählen der Stoffschichten auf dem Tisch vor jedem Essen mein wertvollster Marokko-Lifehack geworden. Um Flecken und Krümel so schnell und effektiv wie möglich zu beseitigen, nutzen marokkanische Hausfrauen gerne eine Art Zwiebelsystem für ihre Tische. Nach jedem Gang nehmen sie ein Tischtuch ab und legen direkt ein weiteres darunter frei. Das bedeutet: Je mehr Decken-Schichten, desto mehr Zurückhaltung am Anfang, um bis zum Nachtisch durchzuhalten und so nicht nur den Bauchschmerzen zu entgehen, sondern auch einem obligatorischen »Dukannstnochnichtfertigseinduhastjagarnichtsge-

gessennimmdochbittenochwashiervon«. Während ich also in wohldosierter Menge erst Oliven, dann Rindfleisch und schließlich frischgepflückte Granatäpfel aß, bemerkte ich immer wieder die Seitenblicke der beiden Mädchen. Wenn ich sie erwiderte, lächelten wir uns flüchtig zu, wandten uns dann aber wieder etwas zu konzentriert unseren Tellern zu.

Ich überlegte, ob ich in Deutschland schon mal so spontan bei fremden Menschen am Esstisch gesessen und gegessen hatte, und natürlich lautete die Antwort nein. Da, wo ich aufgewachsen bin, sind Verabredungen etwas Verbindliches, etwas Geplantes, etwas, bei dem zwei Menschen erst mal kurz in ihre Kalender gucken und dann einen Termin eintragen müssen. Zur Not mit einem kleinen Fragezeichen. Oder erst mal mit Bleistift. In Marokko ist spontaner Besuch dagegen eher die Regel als die Ausnahme, und genauso wie ein laufender Fernseher und etwas zu weißes Deckenlicht gehörten auch fremde Menschen schon immer zum festen Inventar in Lallas und Basidis Wohnzimmer. Fragte ich meinen Vater früher leise, wer da mit uns am Abendbrottisch saß, sagte er meist »Das ist eine Cousine« oder »Das ist ein Großonkel« oder ganz einfach: »Das ist Familie«. Familie. Darunter fielen in Deutschland mein Leben lang genau sieben Personen: meine Mutter, mein Vater, mein Bruder, meine Großeltern, meine beiden Großtanten und ein Großonkel, über den nur selten jemand gesprochen hat, und wenn, dann schlecht. War ich dagegen in Marokko, weitete sich der Begriff fast automa-

tisch aus und war plötzlich mehr als nur ein Synonym für »enge Verwandtschaft«. Ich bin mir sicher, dass weniger als die Hälfte der Cousinen und Großonkel in Lallas und Basidis Wohnzimmer tatsächlich mit mir verwandt waren. Nicht mal über zehn Ecken. Aber dem marokkanischen Verständnis nach entsteht Familie nicht nur durch gemeinsame Gene, sondern auch durch gemeinsame Erinnerungen, gemeinsame Probleme oder gemeinsame Grundstücksgrenzen. Vielleicht reicht in einigen Fällen sogar schon ein gemeinsames Mittagessen, aber davon war ich gerade noch weit entfernt.

Zwischen den vielen Schlafanzügen fühlte ich mich in Jeans und T-Shirt ein wenig overdressed, und auch mein Smartphone, das neben mir auf dem Teppich von Taxifahrer Mustafa Fès und seiner Familie lag, schien mir auf einmal unnötig groß zu sein. Ich fragte mich, ob seine Frau und seine Kinder genervt gewesen waren, als der Vater angerufen und verkündet hatte, dass er Fahrgäste zum Mittagessen mitbringen würde. Vielleicht war das längst Normalität und gehörte zum Job eines guten Taxifahrers dazu. Vielleicht liebten sie es sogar, wenn Fremde im Haus

waren. Vielleicht aber auch nicht. Vielleicht hatten wir mit unserer Ankunft ihre Pläne für den Nachmittag durchkreuzt. Vielleicht wollten sie gerade …

Meine eigenen Gedanken stockten. Ja, was wollten sie wohl gerade? Was unternimmt man an einem Ort wie diesem? Einem Haus mitten im Nichts, umrandet von hohen Bergen und Himmel? Wie sieht der Alltag von Teenagern aus, die nicht mal eben ins Café gehen oder Freundinnen treffen können? Hat man hier überhaupt Freundinnen? Oder Hobbys? Oder WLAN? Oder Unterricht?

»In welche Klasse gehst du?«, fragte plötzlich die jüngere der beiden Mädchen und es war das erste Mal, dass ich sie sprechen hörte. Ihre Stimme klang fester als erwartet.

»In gar keine. Ich arbeite schon«, antwortete ich und pulte die letzten Kerne aus meinem Granatapfel. »Und du?«

Sie erzählte mir, dass sie in der siebten und ihre Schwester in der neunten Klasse sei. Zur Schule müssten sie jeden Tag ungefähr eine Stunde laufen, aber das sei schon in Ordnung. Ich dachte an meinen alten Schulweg, der keine zehn Minuten lang war, und daran, wie oft ich gemeckert hatte, wenn ich im Regen aufs Fahrrad steigen musste.

»Komm«, sagte sie plötzlich mit sehr viel Enthusiasmus, griff nach meiner Hand und zog mich auf die Beine. Ich stand auf und zuckte nur kurz mit den Schultern, als mein Vater fragend zu uns herüberschaute.

Ich folgte den beiden Schwestern aus dem Wohnzimmer hinaus und über den Platz vor dem Haus in Richtung der beiden Holzverschläge. Ihre Flip-Flops sorgten bei jedem Schritt für schleifende Geräusche auf dem losen Steinboden, und es dauerte keine Minute, da hatte der Staub meine schwarzen Birkenstock-Sandalen in eine beige Version ihrer selbst verwandelt.

»Hier sind die Hühner. Davon haben wir zwölf«, sagte eins der Mädchen und entriegelte die erste Tür. Der Geruch von Tier und Stroh schlug mir entgegen, trotzdem steckte ich den Kopf in den Stall und sah im dämmrigen Licht zwischen aufgeregten Hühnern auch ein paar Schafe und Ziegen auf dem Boden liegen.

»Kümmert ihr euch um das alles?«, fragte ich und die beiden nickten stolz. Mit den Worten »Wir haben noch mehr!« schlossen sie die Tür und zeigten mir den zweiten Stall, der etwas größer, aber nicht weniger dunkel und dreckig war. Wir gingen hinein, vorbei an vier Kühen, durch eine weitere Tür in den hinteren Teil. Plötzlich stand ich nur eine Armlänge entfernt von einem dampfenden Körper, der so massig war, dass er fast den kompletten Stall ausfüllte. Das Kamel stand einfach so da und zeigte keinerlei Regung, was wahrscheinlich daran lag, dass es keinen Platz für Regungen hatte. Nur ein lautes Schnauben zeugte davon, dass es uns bemerkt hatte, und ich presste meinen Rücken gegen die Wand. Die Mädchen lachten und zogen mich wieder nach draußen.

Unser Rundgang endete zwischen Bananen und Granatäpfeln auf den Feldern hinter dem Haus, und während ich mir zeigen ließ, wie man Stauden richtig erntet und woran man die wirklich guten Früchte erkennt, stellte ich fest, dass jede der Schwestern sehr wahrscheinlich mehr Hobbys hatte als mein Bruder und ich zusammen.
Als wir wieder im Auto saßen, erzählte Taxifahrer Mustafa Fès in einem fort von seinen Kindern. Der Sohn sei vor Fremden immer schüchtern, aber eigentlich total wild. Und die Töchter? So fleißige Mädchen, zu Hause und in der Schule. Er war stolz, das merkte man. Nicht nur auf seine Familie, sondern auch auf sein Haus, sein Auto, seine Tiere, seine Bäume. Dinge, die er im Leben erreicht und erarbeitet hat. Dinge, die ihn antreiben und ausfüllen. Dinge, die für andere nur eine hübsche oder praktische Garnitur des Alltags sind. In seiner Welt ist ein sicheres Leben ohne Existenzängste der größte Erfolg, in meiner Welt ist es nicht mehr als eine notwendige Bedingung auf dem Weg zum Erfolg. Alle um mich herum streben ständig nach Geld, Aufstieg und Aufmerksamkeit. Die nächste große Reise ist das nächste große Ziel, ein volles Konto die Motivation, Social Media der aufwendigste Zeitkiller. Das Fitnessstudio ist gleich

um die Ecke, der Vitamin-D-Haushalt unter Kontrolle und die Ernährung glutenfrei oder zumindest mehr oder weniger lowcarb. Entspannung ist, wenn Netflix läuft oder der Thermomix. Shoppen ist Gönnen, Leistung ist Können. Aber wer sagt uns, dass das die privilegierteste Art ist, das eigene Leben zu führen? Wer sagt uns, dass es tatsächlich löblich und nötig ist, jeden Tag die Zeitung zu lesen, Push-Mitteilungen zu öffnen und Timelines zu aktualisieren? Und wer hat die Garantie dafür, dass wir ohne all das nicht viel glücklicher wären? Noch vor zwei Stunden hatte ich, eingekuschelt in meinen Eurozentrismus, Mitleid mit den Menschen gehabt, die hier in einem kleinen Lehmhaus wohnen und augenscheinlich sehr viel von dem verpassen, was so los ist in der Welt. Aber anders als bei all jenen, die in Agadir mit mir zur Schule gegangen sind, war ich mir nicht sicher, ob irgendwer, der hier lebte, seinen Alltag freiwillig mit dem meinen würde tauschen wollen. Aus meiner Tasche ertönte ein helles »Pling«. Ich wunderte mich kurz, dass ich hier überhaupt Netz hatte, entsperrte den Bildschirm mit einem Blick und las die Nachricht einer Arbeitskollegin:

Hallo Mona! Wollte nur kurz fragen, ob du zufällig das Buch ›Das Café am Rande der Welt‹ zu Hause hast. Wenn ja: könntest du mir das wohl mitbringen, wenn wir uns nächste Woche Montag sehen? Habe mir schon ewig vorgenommen, das endlich mal zu lesen. Danke und viel Spaß noch!

Ich musste grinsen, weil diese Nachricht jeden Gedankengang der vergangenen Minuten bestätigte. In diesem Moment hielt das Taxi. Auf der Beifahrerseite stand eine alte Frau, vollbepackt mit Tüchern und Stoffen. Taxifahrer Mustafa Fès grüßte sie und erzählte, halb über den Beifahrersitz gebeugt, dass wir Gäste aus Europa seien. Beim Wort »Europa« nickte die Frau langsam und der unförmige Berg, den sie mit einer Hand auf ihrem Kopf trug, wackelte dabei vor und zurück.

Gewisse Leute machen mich nervös. Dazu gehören Weltenbummler, frisch verliebte Damen in meinem Alter und Paare, die aufs Land ziehen. Es erfüllt mich mit Wehmut, Unruhe und bittersüßem Neid, wenn andere sich meine Sehnsüchte erfüllen. Wenn sie tun, wovon ich nur träume.

Meine Freundin Martha ist gerade zwei Monate durch Indien gereist. Eine Stunde lang erzählte sie von Abenteuern und Unvergesslichem. Als sie schließlich fragte: »Und, wie ist es dir in der Zwischenzeit ergangen?«, hörte ich mich kleinlaut sagen: »Ich bin immer noch auf der Suche nach einem Ecksofa.«

Meine Freundin Anne blüht gerade an der Seite eines neuen Mannes auf: »Er ist zu dick, tätowiert, unangenehm ehrlich und ein Sexgott. Die Leute zerreißen sich die Mäuler über uns – aber nach zwölf Jahren Eheroutine bin ich endlich wieder am Leben!« Anstandshalber fragt sie noch: »Und wie läuft's bei euch?« Ich antworte: »Wir waren neulich endlich mal wieder zusammen essen – bis nach Mitternacht! War echt super.«

Meine ehemalige Nachbarin Suse ist mit ihrer Familie aufs Dorf gezogen und hat eine Reitschule eröffnet. »Wenn meine Kinder morgens über die Pferdekoppel Richtung Schule gehen oder ich die Äpfel aus meinem Garten einkoche, weiß ich, was mir immer gefehlt hat. Und bei dir? Gibt's was Neues?« Ich berichte ohne rechte Emphase, dass im Haus nebenan das Dachgeschoss ausgebaut wird.

Mich zieht es nicht nach Indien, aber ich kann meinen Mann sehr gut leiden. Gut, gegen einen tätowierten Sexgott spricht nicht viel. Aber in wenigen Jahren wirst du auch mit ihm nach einem Ecksofa Ausschau halten, bei dem der Kuschelfaktor im Vordergrund steht. Die Lust aufs Landleben wäre für mich in dem Moment vorbei, in dem ich abends dieses unstillbare Verlangen nach Schokoriegeln hätte, die nächste Nacht-Tankstelle jedoch 23 Kilometer entfernt wäre. Wer will denn wirklich im Morgengrauen aufstehen, um Kühe zu melken? Der Moderator und Autor Dieter Moor wurde nebenberuflich Bauer. Und? Er lässt sich entschuldigen. Für ein kurzes Telefonat zum Thema »Entschleunigung: Die Ruhe auf dem Land« habe er erst in dreieinhalb Monaten Zeit.

Aus gelebten Träumen wird Alltag.
Unausweichlich, früher oder später.

Und ich frage mich: Was fehlt mir? Welche Sehnsüchte faulen unausgelebt in meiner Seele? Was sollte ich an meinem Leben ändern? Welche Träume muss ich mir erfüllen, von welchen muss ich weiterträumen?

Der Hamburger Trendforscher Professor Peter Wippermann beruhigt mich ein wenig. Er sagt: »Sehnsüchte und Träume sind wichtig, denn sie sorgen für Kompensation und Entspannung. Man muss sie gar nicht erfüllen. Die Medien leben von Sehnsüchten. Menschen lesen Autozeitschriften, Reiseführer oder Magazine übers Landleben, um auf diese Weise Kurzurlaub vom Alltag zu machen. Großstädter fahren Geländewagen und tragen Gummi-

stiefel. Das ist nicht rational, aber es beschert ihnen das kleine Landhaus-Feeling für zu Hause. Die Exotik der Nähe ist zurzeit sehr angesagt.«
Der moderne Eskapismus führt uns in üppige Bauerngärten und auf urige Landhöfe. Bei »Bauer sucht Frau« kann man ergriffen zuschauen, wie sich zwei Träume gleichzeitig erfüllen: neuer Mann in naturnaher Umgebung. Mir fällt gerade auf, dass vieles von dem, was ich heute für ganz selbstverständlich halte, wahr gewordene Sehnsüchte und erfüllte Träume sind. Das nennt man undankbar.
Mir fehlt wenig.
Eigentlich nur ein Ecksofa.

CHARLOTTE BRONTË

Jane Eyre

Während dieser acht Jahre war mein Leben außerordentlich eintönig; aber nicht unglücklich, weil es nicht untätig war. Die Mittel, mir eine ausgezeichnete Erziehung anzueignen, waren mir an die Hand gegeben; eine Vorliebe für einige meiner Studien, der Wunsch, in allen das Höchste zu erreichen, verbunden mit dem innigen Wunsch, meine Lehrerinnen zu befriedigen, besonders jene, die ich liebte: Dies alles trieb mich vorwärts und daher nutzte ich in vollem Maße die Vorteile, die sich mir darboten. Mit der Zeit stieg ich zum Rang der ersten Schülerin in der ersten Klasse empor; dann wurde ich mit dem Amt einer Lehrerin betraut, das ich zwei Jahre lang voller Eifer ausfüllte. Doch nach Ablauf dieser Zeit wandelte sich mein Sinn.

Während all dieser Wechsel war Miss Temple Vorsteherin des Seminars geblieben; ihrem Unterricht verdankte ich den besten Teil meiner Kenntnisse; ihre Freundschaft und ihre Gesellschaft waren mein immerwährender Trost gewesen; sie hatte die Stelle einer Mutter bei mir eingenommen, sie war meine Erzieherin und später meine Gefährtin gewesen. Um diese Zeit heiratete sie und zog mit ihrem Gatten in eine entfernte Grafschaft; für mich war sie folglich verloren.

Seit dem Tag, an dem sie uns verließ, war ich nicht mehr dieselbe; mit ihr war jedes Gefühl der Festigkeit, jede Gemeinschaft, die Lowood bis zu einem gewissen Grad zu meiner Heimat gemacht hatte, dahin. Ich hatte einiges von ihrer Natur, viele ihrer Gewohnheiten angenommen; harmonischere Gedanken, besser geregelte Empfindungen waren die Bewohner meiner Seele geworden. Ich hatte mich der Pflicht und der Ordnung unterworfen; ich war ruhig geworden; ich glaubte, dass ich zufrieden sei; den Augen anderer, oft sogar meinen eigenen, erschien ich als ein wohldisziplinierter und fester, gezügelter Charakter.

Aber das Schicksal in Gestalt Sr. Ehrwürden des Herrn Nasmyth trat zwischen Miss Temple und mich; ich sah sie nach der Zeremonie der Trauung im Reisekleid in die Postkutsche steigen; sah den Wagen den Hügel hinauffahren und dahinter verschwinden. Dann ging ich auf mein Zimmer. Und dort verbrachte ich in Einsamkeit den größten Teil des halben Ferientags, den man uns des feierlichen Anlasses zu Ehren gewährt hatte.

Viele Stunden lang ging ich im Zimmer auf und ab. Ich bildete mir ein, dass ich nur meinen Verlust betrauerte und daran dachte, ihn zu ersetzen; als ich aber den Schluss meiner Gedanken zog, stieg eine andere Ahnung in mir auf: Ich fühlte, dass ich mich in der Zwischenzeit verändert hatte; dass mein Gemüt alles abgestreift hatte, was es sich von Miss Temple geborgt – oder vielmehr, dass sie die reine Atmosphäre, die ich in ihrer Nähe eingeatmet hatte, mit sich genommen hatte, und dass ich jetzt in meinem eigenen natürlichen Element zurückgeblieben war. Ich fühlte, wie die alten, wilden Gefühle wieder in mir erwachten. Es war, als ob mir eine bewegende Kraft verloren gegangen war; nicht als ob die Fähigkeit, ruhig und zufrieden zu sein, verschwunden, sondern als ob die Ursache zur Zufriedenheit dahin war. Während vieler Jahre war Lowood meine ganze Welt gewesen; meine Erfahrung kannte nichts anderes als seine Vorschriften, sein System. Nun aber fiel mir ein, dass die Welt groß war und dass ein weites, wechselvolles Feld von Furcht und Hoffnung, von Bewegung und Anregung jene erwartete, die genug Mut besaßen, hinauszugehen, um wirkliche Lebenserfahrung und Kenntnis inmitten seiner Gefahren zu suchen.

Ich ging an das Fenster, öffnete es und blickte hinaus. Mein Auge schweifte über alle anderen Gegenstände fort, um an den entferntesten haften zubleiben: an den Gipfeln der Berge! Diese zu übersteigen sehnte ich mich; alles, was innerhalb ihrer Grenzen von Felsen und Heide lag, schien mir Gefängnisboden, Grenzen des Exils. Ich verfolgte mit den Augen die weiße Landstraße, die sich an dem Fuß eines Berges dahinzog und in einer Schlucht zwischen zwei Höhen verschwand. Ach! Wie gern wäre ich ihr noch weiter gefolgt! Ich erinnerte mich an die Zeit, in der ich in einer Postkutsche auf dieser Straße des Weges gekommen war; ein Menschenalter schien vergangen zu sein seit jenem Tag, der mich nach Lowood geführt hatte – und nicht eine Stunde hatte ich es seitdem verlassen. Alle meine Ferien waren in der Schule dahingegangen; Mrs. Reed hatte mich niemals wieder nach Gateshead kommen lassen und ebenso wenig hatte sie oder irgendein Mitglied ihrer Familie mich besucht. Weder durch Briefe noch durch mündliche Botschaft hatte ich eine Verbindung mit der Außenwelt aufrechterhalten; Schulregeln, Schulpflichten, Schulgebräuche, Schulgedanken, Stimmen, Gesichter, Phrasen, Kostüme, Sympathien und Antipathien – das war alles, was ich vom Dasein kannte. Und nun fühlte ich, dass dies nicht genug sei. Ich ersehnte die Freiheit; ich lechzte nach Freiheit; für die Freiheit betete ich; der Wind, der sich leise erhob, schien das Gebet davonzutragen. Dann gab ich die Freiheit auf und sprach einen demütigeren Wunsch aus: Ich bat um Veränderung. Aber auch diese Bitte schien sich in dem leeren Raum zu verlieren. »Dann«, rief ich in voller Verzweiflung aus, »dann sei mir wenigstens eine neue Stellung gewährt!«

Hier rief mich eine Glocke, die die Stunde des Abendessens verkündete, in den Speisesaal hinunter.

Bis zur Zeit des Schlafengehens konnte ich meinen unterbrochenen Gedankengang nicht mehr aufnehmen; selbst dann hielt mich noch eine Lehrerin, die das Zimmer mit mir teilte, durch einen Erguss kleinlichen, interesselosen Geschwätzes davon ab, zu meinen Gedanken zurückkehren zu können. Endlich schnarchte Miss Gryce; ich brauchte keine Unterbrechung mehr zu fürchten; meine halb erloschenen Gedanken belebten sich von Neuem.

»Eine neue Stellung! Darin liegt etwas«, sagte ich zu mir selbst. »Ich weiß, es klingt nicht wie die Worte Freiheit, Aufregung, Genuss – prächtige Laute in der Tat; aber für mich doch nichts als Laute; und so hohl, so flüchtig, dass es wahre Zeitverschwendung ist, ihnen nur zu lauschen. Aber eine Stellung! Das ist eine Tatsache! Ich habe hier acht Jahre gedient; und jetzt wünsche ich nichts weiter, als anderswo dienen zu können.

Was wünsche ich denn eigentlich? Eine neue Stelle, in einem neuen Haus, unter neuen Gesichtern, unter neuen Verhältnissen. Dies wünsche ich, weil es nichts nützt, etwas Besseres, Größeres zu wünschen. Wie machen die Leute es nun, eine neue Stelle zu bekommen? Sie wenden sich an ihre Freunde, wie ich vermute – ich habe keine Freunde. Es gibt aber noch viele Menschen, die keine Freunde haben und sich selbst umsehen müssen und sich selbst helfen. Welches sind denn nun ihre Hilfsquellen?« Ich erhob mich wieder und ging einige Male im Zimmer auf und ab.

Während meines Umherwanderns hatte eine gütige Fee gewiss den erflehten Rat auf mein Kopfkissen niedergelegt, denn als ich wieder lag, kam er ruhig und natürlich in meinen Sinn: »Leute, die Stellungen suchen, kündigen es an; du musst es im *–shire Herald* ankündigen.«

Zwei-, dreimal überdachte ich diesen Plan; dann war ich zufrieden und fiel in einen tiefen Schlaf. Bei Tagesanbruch war ich aufgestanden. Ehe noch die Glocke ertönte, die die ganze Schule weckte, hatte ich meine Annonce geschrieben, kuvertiert und adressiert; sie lautete folgendermaßen: »Eine junge Dame, die im Lehren geübt ist, wünscht eine Anstellung in einer Familie zu finden, in der die Kinder unter vierzehn Jahre alt sind (da ich selbst kaum achtzehn Jahre alt war, hielt ich es nicht für ratsam, die Erziehung von Schülern zu übernehmen, die meinem eigenen Alter näher waren). Sie ist befähigt, in den gewöhnlichen Fächern zu unterrichten, die zu einer guten englischen Erziehung gehören, ebenso im Französischen, im Zeichnen und in der Musik. Antwortschreiben sind zu richten an *J. E.*, Postamt, Lowton, *–shire*.«

Während des ganzen Tages lag dieses Dokument in meiner Schublade verschlossen; nach dem Tee bat ich die neue Vorsteherin um die Erlaubnis, nach Lowton gehen zu dürfen, wo ich einige Warenbestellungen für mich und zwei meiner Mitlehrerinnen zu machen hatte. Die Erlaubnis wurde mir gern gewährt. Der Weg war zwei Meilen lang; es war ein feuchter Abend, aber die Tage waren noch lang; ich ging in zwei, drei Läden, warf meinen Brief

in den Briefkasten und kam in strömendem Regen mit durchnässten Kleidern, aber mit leichtem Herzen zurück.
Die folgende Woche erschien mir endlos lang. Wie alle Dinge dieser Welt nahm aber auch sie ein Ende, und an einem herrlichen Herbstabend machte ich mich abermals zu Fuß auf den Weg nach Lowton. Und nebenbei erwähnt, es war ein pittoresker Weg; aber an diesem Tag dachte ich nur an die Briefe, die mich in der kleinen Stadt erwarteten oder nicht erwarteten, nicht an die Reize von Berg und Tal.
Mein offizieller Vorwand bei dieser Gelegenheit war gewesen, mir das Maß für ein Paar Schuhe nehmen zu lassen; folglich bin ich zuerst in dieses Geschäft gegangen, und nachdem das erledigt war, ging ich quer über die kleine, reinliche Straße in das Postamt. Eine alte Dame verwaltete es; sie trug eine Hornbrille auf der Nase und schwarze gestrickte Pulswärmer an den Händen.
»Sind irgendwelche Briefe für *J. E.* angekommen?«, fragte ich, mir ein Herz fassend.
Sie blickte mich über ihre Brille hinweg forschend an; dann öffnete sie eine Schublade und wühlte so lange in deren Inhalt herum, dass meine Hoffnung zu schwinden begann. Endlich, nachdem sie ein Dokument mindestens fünf Minuten lang vor ihre Augengläser gehalten hatte, reichte sie es mir durch den Postschalter hindurch.
»Ist nur ein Einziger da?«, fragte ich.

»Es sind keine weiteren da«, sagte sie. Ich schob den Brief in die Tasche und machte mich auf den Nachhauseweg. Jetzt konnte ich ihn nicht öffnen; die Hausordnung verpflichtete mich, um acht Uhr zurück zu sein, und es war bereits halb acht.

Bei meiner Heimkehr harrte meiner die Erfüllung verschiedener Pflichten; ich hatte die Mädchen während ihrer Arbeitsstunde zu überwachen; dann war ich an der Reihe, das Gebet zu lesen und darauf aufzupassen, dass die Schülerinnen schlafen gingen – und dann nahm ich das Abendessen mit den anderen Lehrerinnen ein. Selbst als wir uns endlich für die Nacht zurückzogen, war die unvermeidliche Miss Gryce noch meine Gefährtin. Die

Kerze in unserem Leuchter war fast herabgebrannt und ich fürchtete, dass Miss Gryce sprechen würde, bis das Licht verloschen sein würde. Glücklicherweise übte aber das reichhaltige Mahl, das sie zu sich genommen hatte, eine einschläfernde Wirkung aus. Sie schnarchte bereits, als ich mich noch nicht entkleidet hatte. Ich zog meinen Brief hervor, das Siegel trug den Anfangsbuchstaben *F*, der Inhalt war kurz.

»Wenn *J. E.*, die am letzten Donnerstag eine Annonce in den –*shire Herald* setzen ließ, die aufgezählten Fähigkeiten besitzt und wenn sie in der Lage ist, genügende Referenzen über Charakter und Wirkungskreis geben zu können, so wird ihr eine Stellung geboten, dessen Gehalt sich auf dreißig Pfund Sterling im Jahr beläuft und in der sie nur ein kleines Mädchen unter zehn Jahren zu unterrichten hat. *J. E.* wird gebeten, Referenzen, Namen, Adresse und alles Nähere an die folgende Adresse zu senden: »Mrs. Fairfax, Thornfield bei Millcote, *–shire*.«

Lange prüfte ich das Schriftstück; die Handschrift war altmodisch und ziemlich unsicher, wie die einer alten Frau. Dies war ein beruhigender Umstand, denn eine heimliche Furcht hatte mich gequält, dass ich durch dieses eigenmächtige Handeln, ohne irgendeines Menschen Rat eingeholt zu haben, ins Unheil geraten würde. Jetzt fühlte ich, dass eine ältere Dame durchaus keine schlechtes Omen für die Sache sei, die ich so selbstständig in die Hand genommen hatte. Mrs. Fairfax! Ich sah sie in einem schwarzen Kleid und in der Witwenhaube vor mir; vielleicht etwas steif – aber nicht unhöflich: ein Muster von einer ältlichen, englischen Respektsperson. Thornfield! Das war ohne Zweifel der Name ihres Anwesens, gewiss ein sauberes, ordentliches Fleckchen Erde. Ich frischte meine Erinnerung an die Karte von England auf. *–shire* war London siebzig Meilen näher als die entlegene Grafschaft, in der ich jetzt lebte: Das war schon ein großer Vorzug in meinen Augen. Ich sehnte mich dorthin, wo Leben und Bewegung war; Millcote war eine große Fabrikstadt, ein geschäftiger Ort ohne Zweifel – umso besser, das würde wenigstens eine gründliche Veränderung sein. Nicht dass meine Fantasie

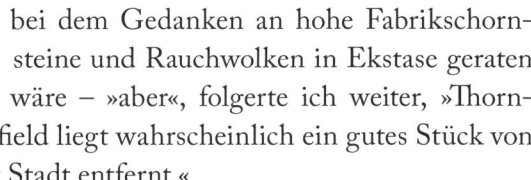

bei dem Gedanken an hohe Fabrikschornsteine und Rauchwolken in Ekstase geraten wäre – »aber«, folgerte ich weiter, »Thornfield liegt wahrscheinlich ein gutes Stück von der Stadt entfernt.«

Hier erlosch die Kerze; ich schlief ein. Am folgenden Tag mussten neue Schritte unternommen werden. Meine Pläne konnten nicht länger in der eigenen Brust verschlossen bleiben; um sie ihrer Ausführung näherzubringen, musste ich Mitteilung von ihnen machen. Nachdem ich bei der Vorsteherin des Instituts um eine Audienz gebeten und erhalten hatte, teilte ich ihr mit, dass ich Aussicht auf eine neue Stellung habe, bei der das Gehalt das Doppelte von dem betragen würde, das ich jetzt erhielt, und bat sie, die Angelegenheit für mich bei Mr. Brocklehurst oder irgendeinem anderen Mitglied des Komitees zur Sprache zu bringen und sich vergewissern zu wollen, ob diese Herren willens seien, Auskunft über mich zu geben. Sehr verbindlich willigte sie ein, in dieser Sache als Vermittlerin auftreten zu wollen. Am nächsten Tag trug sie Mr. Brocklehurst die Angelegenheit vor; dieser erwiderte, dass man an Mrs. Reed schreiben müsse, da diese mein natürlicher Vormund sei. Infolgedessen ging eine Notiz an diese Dame, auf die sie antwortete, dass ich ganz nach eigenem Ermessen handeln könne, da sie längst jede Einmischung in meine Angelegenheiten aufgegeben habe. Dieser Brief machte die Runde bei dem Komitee, und ich erhielt die Erlaubnis, meine Stellung zu verbessern, wenn die Gelegenheit sich dazu böte. Dieser Einwilligung folgte die Versicherung, dass man mir unverzüglich ein Zeugnis über meinen Charakter und über meine Fähigkeiten zustellen würde.

Nach ungefähr einer Woche erhielt ich das Zeugnis, schickte eine Abschrift desselben an Mrs. Fairfax und erhielt die Antwort dieser Dame, die besagte, dass sie zufrieden sei und mich binnen vierzehn Tagen in ihrem Haus erwarte, wo ich den Posten als Gouvernante antreten könne.

Eines Morgens, etwa eine Woche nach Bingleys Verlobung mit Jane, als er mit seiner Braut, deren Mutter, Kitty und Elizabeth im Esszimmer von Longbourn saß, wurden sie plötzlich auf das Geräusch eines Wagens aufmerksam und sahen durch die Fenster, wie eine Kutsche auf das Haus zufuhr. Ein Besuch zu so früher Stunde war etwas durchaus Ungewöhnliches, und weder der Wagen selbst, der von Postpferden gezogen wurde, noch die Livree des Dieners auf dem Kutschbock waren ihnen bekannt. Es war Lady Catherine de Bourgh.

Natürlich waren sie alle auf eine Überraschung gefasst gewesen, aber ihr Erstaunen übertraf nun doch all ihre Erwartungen. Elizabeth war sogar noch verwunderter als ihre Mutter und Kitty, obwohl die beiden doch Lady Catherine noch nie gesehen hatten.

Die edle Dame betrat das Zimmer mit einem noch unfreundlicheren Gesichtsausdruck als sonst, beantwortete Elizabeths Begrüßung lediglich mit einem flüchtigen Kopfnicken und setzte sich, ohne ein Wort zu sprechen.

Mrs. Bennet, zugleich aufgeregt und geschmeichelt, einen so vornehmen Gast in ihrem Haus zu haben, empfing Lady Catherine mit äußerster Höflichkeit. Nach einem Augenblick des Schweigens sagte diese betont förmlich zu Elizabeth: »Ich hoffe, es geht Ihnen gut, Miss Bennet. Diese Dame dort, nehme ich an, ist Ihre Mutter?«

Elizabeth bestätigte es kurz.

»Und dieses Mädchen da ist wahrscheinlich eine Ihrer Schwestern?«

»Ja, gnädige Frau«, sagte Mrs. Bennet, entzückt über die Gelegenheit, sich mit dieser hochgeborenen Dame unterhalten zu können, »sie ist meine zweitjüngste Tochter; meine allerjüngste hat kürzlich geheiratet, und meine älteste geht gerade im Garten mit einem jungen Mann spazieren, der demnächst auch ein Mitglied unserer Familie werden wird.«

»Sie haben hier einen sehr kleinen Park«, erwiderte Lady Catherine nach einer Pause.

»Gewiss, mit dem von Rosings ist er natürlich nicht zu vergleichen, davon bin ich überzeugt, gnädige Frau. Aber ich versichere Ihnen, er ist bedeutend größer als der von Sir William Lucas.«

»An Sommerabenden muss dieses Zimmer ein sehr ungemütlicher Aufenthaltsraum sein; die Fenster gehen ja alle nach Westen.«

Mrs. Bennet beeilte sich zu versichern, dass sie sich niemals nach dem Essen hier aufhielten, und fügte dann hinzu: »Darf ich mir die Freiheit erlauben, mich bei der gnädigen Frau zu erkundigen, ob es Mr. und Mrs. Collins gut geht?«

»Ja, sehr gut; ich bin vorgestern Abend noch mit ihnen zusammen gewesen.«

Elizabeth erwartete nun, dass Lady Catherine ihr einen Brief von Charlotte übergeben werde, weil sie sich keinen anderen Grund für diesen Besuch denken konnte. Es geschah jedoch nichts dergleichen, und Elizabeth zerbrach sich von Neuem den Kopf über den Anlass ihres Kommens.

Mrs. Bennet bot darauf ihrem Gast einige Erfrischungen an, aber Lady Catherine lehnte es ebenso nachdrücklich wie unhöflich ab, irgendetwas zu sich zu nehmen. Dann erhob sie sich und sagte zu Elizabeth: »Miss Bennet, Sie scheinen da hinter Ihrem Rasen ein sehr malerisches kleines Wäldchen zu haben, das ich mir gern einmal ansehen würde, wenn Sie mich dahin begleiten wollen.«

»Ja, geh, meine Liebe«, rief Mrs. Bennet, »und zeig Lady de Bourgh, wie hübsch es dort ist. Unser Wäldchen wird ihr sicherlich gefallen.«

Elizabeth gehorchte. Schweigend gingen sie nebeneinanderher über den Kiesweg, der in das Wäldchen führte; Elizabeth war entschlossen, sich nicht darum zu bemühen, mit dieser Frau, deren Benehmen heute so besonders hochnäsig und unfreundlich war, eine Unterhaltung in Gang zu bringen.

»Wie konnte ich nur jemals glauben, dass sie ihrem Neffen ähnelt!«, sagte sie sich im Stillen, während sie ihrer Begleiterin ins Gesicht sah.

Sobald sie sich im Schatten der Bäume befanden, begann Lady Catherine: »Sie werden sicher wissen, aus welchem Grund ich hierhergereist bin, Miss Bennet. Ihr Herz und mehr noch Ihr Gewissen müssen Ihnen sagen, warum ich gekommen bin.«

»Sie irren sich, gnädige Frau; ich habe nicht die geringste Ahnung, welchem Umstand ich die Ehre Ihres Besuchs verdanke.«

»Miss Bennet«, erwiderte Lady Catherine in ärgerlichem Ton, »Sie sollten wissen, dass man mich nicht zum Narren halten kann. Aber wenn Sie es auch vorziehen, mir gegenüber unaufrichtig zu sein, so werden Sie das mir jedenfalls nicht nachsagen können. Man hat mich immer meiner Wahrheitsliebe und Offenheit wegen gerühmt, und ich werde auch in diesem Augenblick nicht anders handeln. Mir ist vor zwei Tagen eine höchst alarmierende Nachricht zu Ohren gekommen. Man erzählte mir, dass nicht nur Ihre Schwester im Begriff sei, eine für sie sehr vorteilhafte Ehe einzugehen, sondern dass auch Sie, Miss Elizabeth Bennet, sich aller Voraussicht nach schon bald verheiraten würden, und zwar mit meinem eigenen Neffen, Mr. Darcy! Obwohl ich nicht daran zweifelte, dass das nur ein unverschämtes Gerücht sein konnte, und obwohl ich weit davon entfernt bin, meinen Neffen so tief zu beleidigen, dass ich einem solchen Geschwätz Glauben schenke, entschloss ich mich sofort, hierherzureisen, um Ihnen meinen Standpunkt in dieser Angelegenheit klarzumachen.«

»Wenn Sie das Gerücht für unwahr hielten«, entgegnete Elizabeth, während sie vor Erstaunen und Empörung errötete, »warum haben Sie sich dann die Mühe gemacht, persönlich hierherzufahren? Was bezwecken Sie damit?«

»Ich erwarte, dass diesem Gerücht sofort energisch widersprochen wird!«

»Ihre Reise nach Longbourn und Ihr Besuch bei mir und meiner Familie«, sagte Elizabeth kühl, »wird, fürchte ich, eher als eine Bestätigung aufgefasst werden, falls so ein Gerücht überhaupt verbreitet wurde.«
»Falls! Ja, wollen Sie denn wirklich behaupten, nichts davon zu wissen? Haben Sie und Ihre Familie es nicht selbst in Umlauf gesetzt? Sie leugnen tatsächlich, davon je gehört zu haben?«
»Ich habe nie etwas davon gehört!«
»Und können Sie mir ebenfalls versichern, dass kein Grund dazu vorliegt?«
»Ich rühme mich nicht, ebenso offenherzig zu sein wie Sie, gnädige Frau. Es steht Ihnen natürlich frei, mir Fragen zu stellen, aber wie weit ich sie beantworte, ist wohl meine Sache.«
»Das ist ja wirklich der Gipfel! Miss Bennet, ich bestehe auf einer Antwort: Hat mein Neffe Ihnen einen Antrag gemacht?«
»Sie halten das doch selbst für ausgeschlossen, gnädige Frau.«
»Das sollte es jedenfalls sein und wird es auch sein, wenn er wieder zur Vernunft gekommen ist. Aber Ihre Verführungskünste haben ihn vielleicht in einem Augenblick der Schwäche vergessen lassen, was er sich und seiner Familie schuldig ist; dazu könnten Sie ihn immerhin gebracht haben.«

»In diesem Fall wäre ich wohl die Letzte, es zuzugeben.«
»Miss Bennet, wissen Sie, mit wem Sie reden? Ich bin eine solche Sprache nicht gewohnt. Bis auf seine minderjährige Schwester bin ich seine nächste Verwandte und daher berechtigt, von seinen Heiratsabsichten unterrichtet zu werden.«
»Das gibt Ihnen aber nicht das Recht, meine zu erfahren, und Ihr Benehmen gibt mir keinen Grund, Sie darüber aufzuklären.«
»Verstehen Sie mich richtig, Miss Bennet. Diese Heirat, die Ihnen so am Herzen zu liegen scheint, wird niemals stattfinden! Niemals! – Verstehen Sie? Mr. Darcy ist nämlich mit meiner Tochter verlobt. Nun, was haben Sie darauf zu sagen?«
»Nur das eine, dass, wenn es sich so verhält, Sie ja keinen Grund zu der Annahme besitzen, er könne mir einen Antrag machen.«
Lady Catherine zögerte einen Augenblick und erwiderte dann: »Das Verlöbnis der beiden ist von besonderer Art. Sie sind schon als Kinder füreinander bestimmt worden. Es war genauso sehr der sehnlichste Wunsch seiner Mutter wie der meine. Während die beiden Kinder noch in ihren Wiegen lagen, hatten wir schon ihre Verbindung beschlossen. Und

jetzt, wo unser gemeinsamer Wunsch mit der Heirat unserer Kinder in Erfüllung gehen sollte, wollen Sie unsere Pläne vereiteln? Sie, ein junges Mädchen, das meinem Neffen in keiner Hinsicht ebenbürtig ist und zu seiner Familie überhaupt keine Beziehungen hat! Nehmen Sie denn gar keine Rücksicht auf die Wünsche seiner Verwandten? Sind Sie wirklich so gewissenlos, sich einfach über sein heimliches Verlöbnis mit Miss de Bourgh hinwegzusetzen? Sind Ihnen denn jedes Zartgefühl und jeder Sinn für Schicklichkeit abhandengekommen? Haben Sie mich denn nicht verstanden, als ich sagte, er sei schon immer für seine Cousine bestimmt gewesen?«

»Jawohl, ich hörte sogar schon früher davon. Aber was geht mich das an? Wenn sonst nichts dagegen spricht, dass ich Ihren Neffen heirate, sehe ich nicht ein, warum mich die Kenntnis von dem Wunsch seiner Mutter und seiner Tante, er möge Ihre Tochter heiraten, davon abhalten soll, ihm mein Jawort zu geben. Ich verstehe, dass Sie alles dafür getan haben, um Ihren Plan zu verwirklichen. Wenn aber Mr. Darcy seine Cousine weder liebt noch sich ihr gegenüber irgendwie verpflichtet fühlt, warum soll er keine andere Wahl treffen können? Und falls seine Wahl auf mich gefallen ist, warum sollte ich ihn abweisen?«

»Weil Ihr Ehrgefühl, Ihr Anstand, Ihre Vernunft und nicht zuletzt das gesellschaftliche Interesse es Ihnen verbieten muss. Ja, Miss Bennet, gesellschaftliches Interesse! Denn erwarten Sie nicht, dass seine Familie und seine Freunde Ihnen je auch nur die geringste Beachtung schenken werden, wenn Sie so rücksichtslos gegen uns alle handeln. Im Gegenteil, Sie werden von jedem Menschen, der meinem Neffen nahesteht, kritisiert und gemieden werden. Diese Ehe würde Ihnen nur Unglück bringen, und Ihr Name würde allgemein und für immer totgeschwiegen werden.«

»Das sind allerdings sehr schwerwiegende Gründe«, erwiderte Elizabeth, »aber die Frau von Mr. Darcy wird sicher so viele Gründe zum Glücklichsein erwarten, dass es sie für alles andere entschädigen wird.«

»Sie störrisches, eigensinniges Mädchen! Ich schäme mich für Sie! Ist das Ihre Dankbarkeit für all die Freundlichkeiten, die ich Ihnen im Frühjahr erwiesen habe? Fühlen Sie sich mir gegenüber nicht ein bisschen verpflichtet? – Aber setzen wir uns, und lassen Sie es sich ein für alle Mal gesagt sein, Miss Bennet, dass ich mit dem festen Entschluss hierhergekommen bin, meinen Vorsatz auch auszuführen, und mich durch nichts davon abbringen lassen werde. Ich bin es nicht gewohnt, mich den Launen anderer Menschen zu fügen.«

»Das wird Ihre Situation jetzt nicht angenehmer machen, gnädige Frau, aber mich kann das nicht beeinflussen.«

»Unterbrechen Sie mich gefälligst nicht! Ich verlange, dass Sie mich anhören! Meine Tochter und mein Neffe sind füreinander geschaffen. Mütterlicherseits stammen sie von derselben alten Adelsfamilie ab und väterlicherseits ebenfalls von sehr ehrenwerten alten, wenn auch nicht adligen Familien. Beider Vermögen ist stattlich. Und was können Sie dem entgegenhalten? Nichts als die Anmaßung eines

jungen Mädchens ohne Familie, ohne Vermögen und ohne irgendwelche Beziehungen. Muss man sich das gefallen lassen! Es darf nicht passieren und es wird auch nicht passieren! Wenn Sie vernünftig wären, würden Sie schon in Ihrem eigenen Interesse nicht wünschen wollen, den Kreis, in dem Sie aufgewachsen sind, zu verlassen.«
»Ich wüsste nicht, inwiefern ich durch eine Heirat mit Ihrem Neffen in eine andere Sphäre hinüberwechseln würde. Er stammt aus bester Familie und ich ebenfalls; in dieser Beziehung dürften wir uns wohl ebenbürtig sein.«
»Jawohl, Ihr Vater – ja; er ist ein Mann von Stand. Aber Ihre Mutter? Und Ihre Onkel und Tanten? Glauben Sie etwa, ich wüsste über deren Herkunft und Beruf nicht Bescheid?«
»Was auch meine Verwandten mütterlicherseits immer sein mögen«, sagte Elizabeth, »wenn Ihr Neffe sich nicht an ihnen stört, kann es Ihnen doch gleichgültig sein.«
»Sagen Sie mir jetzt endlich, sind Sie mit ihm verlobt?« Obwohl Elizabeth diese Frage um keinen Preis der Welt beantworten wollte, nur um Lady Catherine einen Gefallen zu tun, konnte sie doch nach einem Augenblick des Zögerns nur sagen:
»Nein, gnädige Frau.«
Lady Catherine atmete sichtlich erleichtert auf. »Und versprechen Sie mir«, fuhr sie fort, »dass Sie es auch nicht zu einer Verlobung kommen lassen werden?«
»Das kann ich Ihnen nicht versprechen.«
»Miss Bennet, Sie entsetzen und erstaunen mich! Ich erwartete, in Ihnen eine vernünftigere junge Dame vorzu-

finden. Aber geben Sie sich keinen Täuschungen darüber hin, zu glauben, dass ich meine Meinung ändern könnte. Ich werde nicht eher von hier fortgehen, bis Sie mir dieses Versprechen gegeben haben.«

»Und ich werde Ihnen niemals ein solches Versprechen geben, gnädige Frau. Ich bin durch solch absolut sinnlose Begründungen nicht einzuschüchtern. Ich begreife durchaus, dass Sie Ihre Tochter mit Mr. Darcy verheiraten möchten; aber glauben Sie denn ernsthaft, dass mein Versprechen, Ihren Neffen abzuweisen, ihn dazu veranlassen würde, seine Cousine zu heiraten? Erlauben Sie mir, Ihnen zu sagen, Lady Catherine, dass die Gründe, mit denen Sie Ihr merkwürdiges Anliegen an mich rechtfertigen, ebenso töricht sind wie das Anliegen selbst. Sie haben sich allerdings weitgehend in meinem Charakter geirrt, wenn Sie annehmen, ich würde mich durch Ihre Überzeugungskünste beeinflussen lassen. Ich weiß nicht, was Ihr Neffe über Ihre Einmischung in seine Privatangelegenheiten denkt, aber jedenfalls haben Sie kein Recht, sich in meine Angelegenheiten zu mischen. Ich muss Sie daher bitten, mich nicht weiter mit diesem Thema zu belästigen.«

»Oh, bitte, nicht so hastig. Miss Bennet! Ich bin noch lange nicht am Ende. Neben den Einwänden, die ich bereits vorbrachte, habe ich noch einen wesentlichen hinzuzufügen: Mir sind nämlich die Einzelheiten der schändlichen Flucht Ihrer jüngsten Schwester genau bekannt. Ich bin über alles im Bilde und weiß auch, dass die Heirat nur durch große finanzielle Kosten seitens Ihres Vaters und

Ihres Onkels zustande gekommen ist. Und solch ein Mädchen soll die Schwägerin meines Neffen werden – und dieser Wickham, der Sohn von dem Verwalter seines Vaters, der Schwager eines Darcy? Ja, was bilden Sie sich denn eigentlich ein? Ich werde es bestimmt nicht zulassen, dass das Andenken der Ahnherren von Pemberley in dieser Weise beschmutzt wird!«

»Jetzt haben Sie mir sicher nichts mehr zu sagen«, entgegnete Elizabeth gereizt. »Sie haben mich auf jede erdenkliche Weise beleidigt, und ich muss Sie bitten, zum Haus zurückzukehren.«

Mit diesen Worten erhob sie sich, Lady Catherine stand ebenfalls auf und beide gingen wieder zum Garten zurück. Die Herrin von Rosings war merklich aufgebracht.

»Die Ehre und das Ansehen meines Neffen lassen Sie also völlig kalt«, fuhr sie Elizabeth noch einmal an, »Sie herzlose und selbstsüchtige Person! Sind Sie sich darüber klar, dass eine Verbindung mit Ihnen ihm in den Augen der ganzen Welt schaden wird?«

»Lady Catherine, ich habe nichts mehr zu sagen. Meine Meinung kennen Sie bereits.«

»Sie sind also entschlossen, ihn zu heiraten?«

»Das habe ich durchaus nicht behauptet. Ich bin lediglich entschlossen, so zu handeln, wie es meinem Begriff von Glück entspricht, ohne mich daran von Ihnen oder irgendeinem anderen Menschen, der mir ebenso wenig nahesteht, hindern zu lassen.«

»Nun gut, Sie weigern sich also, den Geboten von Pflicht, Ehre und Dankbarkeit zu gehorchen. Sie wollen meinen Neffen nicht nur mit seiner Familie entzweien, sondern ihn auch der Geringschätzung der ganzen Welt preisgeben.«

»Weder Pflicht noch Ehre oder Dankbarkeit können mir in diesem Augenblick etwas zu gebieten haben, und keine von diesen Tugenden würde durch eine Heirat von mir mit Mr. Darcy verletzt. Was die Empörung seiner Familie oder die Entrüstung der Welt betrifft, so würde mich das auch nicht einen einzigen Augenblick lang bekümmern.

Die Welt ist im Allgemeinen viel zu vernünftig, um sich einem Familienfluch anzuschließen.«

»Und das ist Ihre ehrliche Überzeugung? Das ist Ihr letztes Wort? Sehr gut – jetzt weiß ich wenigstens, was ich zu tun habe. Bilden Sie sich nur ja nicht ein, Miss Bennet, dass Ihr Ehrgeiz sich bezahlt machen wird! Ich wollte Sie auf die Probe stellen und hoffte, Sie würden Vernunft annehmen; aber verlassen Sie sich darauf, ich werde meinen Willen schon durchsetzen!«

Auf solche Weise tobte Lady Catherine, bis sie an ihrem Wagen angekommen waren. Bevor sie einstieg, wandte sie sich noch einmal zu dem jungen Mädchen um und sagte: »Ich verabschiede mich nicht von Ihnen, Miss Bennet; ich bitte Sie auch nicht, Ihre Mutter von mir zu grüßen. Sie verdienen solch eine Aufmerksamkeit nicht; Ihr Benehmen hat mein größtes Missfallen erregt!«

Elizabeth antwortete nichts darauf und kehrte langsam ins Haus zurück, ohne auch nur den Versuch zu machen, den Zorn Ihrer Gnaden zu beschwichtigen.

THERESIA ENZENSBERGER

Auf See

YADA

Die Lichtsignale des Wellenbrechers schienen gelb auf das schwarze Wasser. Das Meer war so nah und so undurchdringlich dunkel, dass mir zum ersten Mal seit langem seine enorme Tiefe bewusst wurde. Stoß für Stoß kämpfte sich unser Beiboot durch die Wellen, die salzige Gischt schlug mir ins Gesicht. Es roch nach Benzin.

Ich hatte es nicht mehr ausgehalten. Ich konnte nicht herumsitzen und darauf warten, dass ich endlich volljährig genug war, um mich aus meiner Starre zu lösen. Rebecca traf keinerlei Vorbereitungen für unsere Flucht, die doch angeblich so gut vorbereitet werden musste. Um mich von meiner Ungeduld abzulenken, hatte ich mich ganz auf das Leiden der anderen konzentriert. Ich hatte allen Respekt vor den unsichtbaren Grenzen über Bord geworfen, war am Mitarbeitertisch auf Adam zugegangen und hatte ihn fortan jeden Tag damit belästigt, ob er mich nicht auf das Mitarbeiterschiff bringen könne. Ich wollte mit eigenen Augen sehen, was mein Vater so lange vor mir verborgen hatte.

Mit einem Ruck, der mich fast aus dem Sitz schleuderte, hielt das Boot. Der Motor keuchte noch einmal laut, dann hörte man nur noch ein leises Summen, und unser Schaukeln glich sich wieder dem Wellengang an. Das Mitarbeiterschiff ragte über uns auf. Es war ein ausrangiertes Kreuzfahrtschiff, das die Gründer damals vor zehn Jahren für wenig Geld gekauft hatten. Für ein Kreuzfahrtschiff war es klein, aber aus der Nähe erschien es mir enorm. Auf dem Anlandedock vor uns am Schiffsbauch nahm uns ein Mann in Empfang, den ich noch nie gesehen hatte. Die schwere Stahltür hinter ihm stand offen, ein schwarzes, klaffendes Loch. Adam sprang aus dem Beiboot und half mir hinaus. Der Mann auf dem Dock warf mir einen scharfen Blick zu, bevor er den anderen beim Aussteigen half. Ich folgte Adam in den dunklen Schlund und stand direkt vor einer steilen Wand, an der eine Leiter mit breiten Sprossen befestigt war. Es musste noch einen anderen Zugang geben, die Gäste des ehemaligen Kreuzfahrtschiffs waren bestimmt nicht hier hochgeklettert, wenn sie vom Scuba-Diving kamen. Schweigend stiegen wir empor. Im Inneren des Schiffs rumpelte es, ein Geräusch, das aus weiter Ferne zu kommen schien. Ich riss mir die Hand an der rostigen Leiter auf. Als wir endlich oben waren, versuchte ich, meine Umgebung zu erfassen, meine Verletzung zu begutachten und gleichzeitig Adam, der mit eiligen Schritten voranging, nicht zu verlieren. Wir durchquerten eine fensterlose Halle mit blauem Teppichboden und großen, leeren Schaufenstern. Ihr Glas hatte Risse, eine nackte Schaufensterpuppe sah mich aus blinden Augen an, manche Stellen waren mit Staub wie von Schneewehen bedeckt. Meine Hand blutete nur leicht. Als wir in einen Gang einbogen, holte uns der Mann vom Dock ein. »Is that who I think it is?«, fragte er Adam. Ich wunderte mich kurz, dass er Englisch sprach – aber eigentlich war es logisch, dass man sich hier auf eine gemeinsame Sprache geeinigt hatte. Der Mann war ganz offensichtlich nicht glücklich über meine Anwesenheit, er sprach aufgebracht und leise, ich verstand nur, dass er ein Treffen im Frühstücksraum einberufen wollte. Adam nickte, nahm meine unversehrte Hand und zog mich hinter sich her.

Kurze Zeit später waren wir in einem länglichen Raum, in dem unter flackerndem Licht eine Reihe weiß verzierter Stühle standen. Am hinteren Ende hing ein riesiger verblichener Spiegel, darüber eine Reihe von goldverkleideten Delfinen, deren Nasen sich in weiße Bruchstellen verwandelt hatten. Auch der fleckige, türkisfarbene Teppich war von goldenen Ornamenten durchzogen. Erst dann sah ich durch die großen Panoramafenster und erschrak vor den monströsen Umrissen in der Dunkelheit. Es dauerte ein paar Sekunden, bis ich verstand, dass es der Wellenbrecher war, den ich dort sah. Ich hatte ihn noch nie aus solcher Nähe gesehen; die enormen Stämme der Windräder, die wuchtigen Betonpfähle, die durch den Meeresspiegel stachen.

Ich fragte Adam, ob ich die Schlafquartiere sehen könne, aber er sagte, wir würden das Treffen abwarten. Der Raum, in dem früher fröhliche Rentner ihr Frühstück zu sich genommen hatten, füllte sich langsam. Die Blicke der Leute waren neugierig und misstrauisch. Als alle Stühle längst besetzt waren, strömten immer noch Menschen herein, sie setzten sich auf den Boden oder die kleinen Tische, die sich vor dem Spiegel stapelten, manche lehnten an den Fenstern. Etwas an der Menschenmenge kam mir komisch vor, aber ich konnte nicht sagen, was es war.

Der Mann vom Dock stellte sich neben uns, Adam sprach ihn mit *Karim* an. Das Gemurmel verebbte.
»Adam has brought us a visitor. Maybe you want to explain what she's doing here?«
Adam beantwortete die Frage auf Polnisch, es klang nicht so, als sei er in seiner Muttersprache weniger kurz angebunden. Für die Übersetzung gab es anscheinend ein System: Im Raum verteilt saßen an strategischen Punkten Leute, die jeweils einer Gruppe um sich herum in kurzen Abständen etwas zuflüsterten. Die meisten von ihnen kannte ich von der Seestatt, eine junge Frau in meinem Alter konnte ich nicht einordnen, obwohl mir ihre Gesichtszüge bekannt vorkamen. Sie hatte ihr helles, dünnes Haar zu einem Zopf gebunden, unter ihrer hohen Stirn standen große Augen. Es war wieder still geworden. Karim sagte: »So, princess, enlighten us.« Ich sollte also sprechen. Stockend erklärte ich auf Englisch, dass ich hier war, um ihnen zu helfen. Dass ich jahrelang von meinem Vater angelogen worden war, dass es – hier redete ich mich in Rage – nicht so weitergehen könne, dass man Menschen nicht so behandle, dass die Mitarbeiterinnen hier, genau wie das Inselvolk, das Recht auf ein selbstbestimmtes Leben hätten. Eine Frau in der ersten Reihe unterbrach mich. Sie lachte. »I don't know what you thought you could do here, but we don't need saviors, thank you very much. We're perfectly capable of organising ourselves.« Jetzt schaute ich in spöttische Gesichter.

So hatte ich mir das nicht vorgestellt. Ich sah auf den türkisfarbenen Teppichboden, Adam stand mit seinen groben Schuhen in der Mitte eines länglichen, verblassten Flecks. Inständig wünschte ich mir, Rebecca wäre hier. »Don't tell her anything. He must have sent her to spy on us«, rief jemand anderes. Ich wusste nicht, was ich sagen sollte. Ich hatte nicht damit gerechnet, dass man mich als Bedrohung empfinden würde. Fieberhaft überlegte ich, wie ich um das Vertrauen der Menschen hier werben konnte. In meiner Hosentasche spürte ich das glatte Plastik des USB-Sticks. Ich umklammerte ihn, dann fing ich an zu erzählen. Ich sprach von meiner Mutter, von den Plänen der Gründer, die Seestatt als friedlichen, autarken Platz in der Welt zu etablieren, von Rebecca und unserem Entschluss, diesen Ort für immer zu verlassen. Ein babylonisches Stimmengewirr brach aus. Ein paar englischen Fetzen entnahm ich, dass die Meinungen über mich immer noch gespalten waren.

Die junge Frau, die übersetzt hatte, stand auf, es wurde leise. Mit fester Stimme sagte sie: »Maybe we can use this.« Plötzlich wurde mir klar, wer sie war. Es war Anca, die Anca, mit der ich Algen betrachtet, die meine Kindheitsfreundin gewesen war. Sie übersetzte jeden ihrer eigenen Sätze konsekutiv ins Rumänische, deswegen dauerte es unerträglich lang, bis ich begriff, dass sie auf meiner Seite war. Sie besaß offenbar Autorität hier, schon nach ein paar Minuten konnte ich spüren, dass

sich die Stimmung im Raum wandelte. Anca sagte, wenn Rebecca und ich es wirklich ernst meinten, könnten die Mitarbeiterinnen uns helfen; es sei nicht das erste Mal, dass sie jemanden an Land geschmuggelt hätten. Ich müsse ihnen im Gegenzug nur die Pläne der Gründer und die Anwaltsbriefe meiner Mutter besorgen. Ich tastete nach dem USB-Stick. Adam gab Anca recht. Karim war nicht überzeugt. Er setzte zu einer Gegenrede an, ich musste mir Mut zusprechen, bevor ich ihn unterbrach. »I have the documents right here«, sagte ich und hielt das kleine Stück Plastik in die Höhe. Es wurde wieder still. Nach einer weiteren Diskussion beschloss man, das Material zu sichten. Karim nahm den Stick an sich und verschwand damit.
Die Konzentration im Raum ließ nach, die Menschen wandten sich einander zu und plauderten. Niemand beachtete mich groß, nur ab und zu streifte mich ein Blick. Ich war dankbar für dieses Desinteresse, die Scham über meinen grandiosen Auftritt steckte mir noch in den Knochen. Unauffällig ließ ich meinen Blick wandern. Jetzt erst wurde mir klar, was ich an der Menschenmenge so auffällig gefunden hatte: So viele Frauen auf einmal hatte ich überhaupt noch nie gesehen. Auf der Seestatt lebten kaum welche, und die Frauen vom Mitarbeiterschiff waren nie alle gleichzeitig vor Ort. Ich sah Anca an und fragte mich, wie es ihr die letzten Jahre ergangen war. Ich wünschte mir sehnlichst, mit ihr zu sprechen, aber zwischen uns war ein Meer von Menschen, und sie hatte sich wieder der kleinen Gruppe zugewandt, für die sie übersetzt hatte.

Endlich kam Karim zurück. Er nickte Anca kurz zu, dann wurde abgestimmt. Die Mehrheit schien inzwischen vom Nutzen der Dokumente überzeugt, auch wenn mir nicht klar war, worin dieser bestehen sollte. Es dauerte nicht lang, bis ein Entschluss gefasst war. Die Versammlung löste sich auf. Anca kam zu mir. Als Kind war sie pummelig gewesen, jetzt ragte sie schmal und muskulös über mir auf. Ich hätte sie nicht erkannt, wären da nicht ihre wachen Augen gewesen, ihre resoluten Gesten. Leise sagte sie: »Wir holen euch vom Dock ab, bei der Essensstation. Morgen, dreiundzwanzig Uhr. Seid bitte pünktlich.« Ich wollte sie fragen, was sie die ganzen Jahre über gemacht hatte, warum sie, nachdem mein Vater uns so gewaltsam getrennt hatte, nie wieder auf der Seestatt gewesen und nun trotzdem hier war, wie es ihr ging. Aber sie sagte nur: »Wir haben keine Zeit. Du musst zurück, bevor die merken, dass du weg warst.« Sie bugsierte mich zur Tür hinaus und übergab mich an Adam, der mich mit dem Boot zurückbringen sollte. Als wir wieder bei der Seestatt waren, schaute ich zurück. Das Mitarbeiterschiff, dessen Anblick über die Jahre zu einem Abstraktum für mich geworden war, stand dunkel und gewaltig hinter uns.

Früher hatte ich immer das Bedürfnis, mich allen Menschen zu erklären, um mit allen im Einverständnis leben zu können. Und ich hasse doch alle Geschwätzigkeit. Ich weiß aber nicht, ob ich sie hasse, weil ich ihr immer wieder verfiel oder weil ich einsah, wie vergeblich alle Versuche sind, sich selbst den besten Freunden verständlich zu machen.

Ich sage »früher« und meine damit die Zeit, die drei Monate zurückliegt. Ich habe mich immer gegen alle äußeren Periodisierungen gewehrt, weil ich aufgedrängte Disziplin verabscheute. Jetzt muss ich mich an Freiwilligkeit gewöhnen, und es ist, als sei ich in einer einzigen Nacht erwachsen geworden. In dieser Nacht hätte ich Sibylle im Walltheater sehen können, ich hatte ja die Wahl. Aber ich bin dann weggefahren. Und vor dieser Nacht hätte ich es hier keinen Tag ausgehalten. Ich wusste nichts von Alleinsein. Ich halte es sogar aus, von meinen Freunden missverstanden zu werden. Es war tatsächlich bisher mein einziger Wunsch, mich ihres Wohlwollens zu versichern, und ich verschwendete dafür meine ganze Liebenswürdigkeit. Und noch viel mehr.

Damit bin ich jetzt zu Ende. Wer weiß, was daraus entsteht.

Berlin 1937

Das Klingeln klang immer gleich, und trotzdem hatte Senta einen untrüglichen Instinkt dafür entwickelt, wann es den erfreulichen Besuch einer Freundin ankündigte und wann eine lebensverändernde Katastrophe.
Seit die Gestapo erst vor ihrer Tür und dann in ihrer Wohnung gestanden und nach Julius gefragt hatte, seit sie ihn verleugnen musste, behaupten musste, ihr Mann und sie lebten in Trennung und sie wisse nicht, wo er sei, wolle es auch gar nicht wissen, seit sie den Tag in einem Polizeidienstzimmer verbracht hatte, wo ein schmallippiger Mann in Uniform mit ihr über Rassenschande gesprochen und ausgiebig all die Lügen aufgezählt hatte, die Sentas Nachbarin über sie und Julius verbreitet und angezeigt hatte, seit diesem Tag gab es in Sentas Kopf ein spezielles Tor, hinter dem ihre Rüstung für schlechte Nachrichten bereitstand. Und dieses Tor öffnete sich immer dann, wenn das Telefon ging oder wenn es an der Tür klingelte. Was immer es war, sie würde diese Rüstung anziehen und dann einfach marschieren, immer geradeaus, ohne allzu viel nachzudenken. So lange, wie es eben nötig war.
Der Tag, an dem sie Julius beinahe abgeholt hätten, an dem er verschwinden musste und sich ohne sie bis nach Kopenhagen durchgeschlagen hatte, dieser Tag lag nun beinahe ein Jahr zurück. Seitdem war keine Minute vergangen, in der sie ihn nicht vermisst und überlegt hatte, auch zu gehen, doch alles aufzugeben, seinem Drängen

endlich nachzugeben, den kleinen Notkoffer zu nehmen und in Rostock eine Fähre nach Dänemark zu besteigen.
Aber.
Da war der kleine Verlag, für den sie beide so hart gearbeitet hatten. Da waren die alten Goldmanns. Und da war Evelyn.
Es war schwierig genug geworden, den Kontakt zu ihrer Tochter nicht vollständig zu verlieren. Immer gab es Gründe, warum Trude es leider ganz und gar nicht einrichten konnte, mit dem Geld, das Senta ihr schickte, eine Zugfahrkarte für Evelyn zu kaufen. Auch ihrem derzeitigen Besuch waren zähe Verhandlungen vorausgegangen, und Senta schmerzte es deshalb besonders, dass sie in dieser Woche so wenig Zeit für ihre Tochter gehabt hatte. Immerhin: Sie waren einkaufen gegangen, auch wenn Senta gerade eigentlich das Geld nicht hatte. Aber es schien Evelyn Freude zu machen, und beim Aussuchen der Kleider waren manchmal Momente zwischen ihnen entstanden, die sich warm und vertraut anfühlten. Evelyn war groß für eine Vierzehnjährige und dünn wie ein Stock, so wie Senta es gewesen war. »Halt dich gerade« sagte sie ihrer Tochter, immer wenn sie bemerkte, dass Evelyn die Schultern hängen ließ und versuchte, sich kleiner zu machen, als sie war.
Ansonsten waren ihre Unterhaltungen zäh, vor allem, wenn Senta nach Trude fragte und nach Evelyns Alltag in Güstrow. Senta wusste, dass Evelyn Julius vermisste und sich wegen Trude nicht traute zu fragen, wie es ihm ging.

Also erzählte sie einfach ungefragt. Dass es ihm gut gehe und sie sich keine Sorgen um ihn machen müsse. Dass er im Moment woanders lebe, in einem anderen Land, aber gar nicht so weit weg. Dass er Briefe schreibe und sich in jedem einzelnen Brief auch nach Evelyn erkundige und sie grüßen lasse.
Das Frühstück an diesem Morgen war ihr vorletztes, am nächsten Tag ging Evelyns Zug zurück, und Senta hatte längst aufgegeben, die Stille zwischen ihnen mit hilflosem Geplauder zu füllen.
Und genau in diese Stille hinein klingelte das Telefon.
Senta schloss kurz die Augen und sammelte sich, bevor sie aufstand und in den Flur ging, zu dem Tischchen, auf dem das Telefon stand. Die Küchentür schloss sie hinter sich, damit Evelyn ihr Gespräch nicht hörte. Es war Itzig, die Stimme belegt und kraftlos.
»Sie schließen mir den Salon, Senta. Jetzt ist es endgültig so weit. Sie wollen bis morgen eine Inventur, ich soll alle Kunstwerke auflisten. Du musst kommen und mir helfen, ich kann das nicht alles tippen.«
Senta ließ Evelyn allein in der Wohnung zurück und fuhr zum Lützowplatz, wo sie ihren Schwiegervater schon durch die schwach erleuchteten Fensterscheiben seines Kunstsalons sehen konnte. Schwarzer Anzug, Uhrenkette, die Haare tadellos gekämmt, wie eine Statue stand er aufrecht in der Mitte des Raumes. Die Form zu wahren war ihm immer schon besonders wichtig gewesen, und in diesen letzten Monaten umso mehr. Je größer die Zumutungen

und Schwierigkeiten, desto tadelloser sein Erscheinungsbild. Sie hatten ihn aus der »Reichskammer der bildenden Künste« ausgeschlossen, wie alle Juden, und damit war es ihm unmöglich, weiter mit Kunst zu handeln. Eine Weile lang hatte er noch die Hoffnung, wenigstens nicht-arische Künstler verkaufen zu dürfen. Er hatte Briefe geschrieben an Museen und Galerien, um Tauschgeschäfte vorzuschlagen: Bilder jüdischer Künstler, die dort nicht mehr ausgestellt werden durften, gegen Bilder arischer Künstler, die er nicht mehr verkaufen durfte. Vergeblich. In den Wochen zuvor hatte er notgedrungen angefangen, seine Bestände zu versteigern, und Schelling, der Auktionator, hatte keine Sekunde gezögert, seine eigene Provision um fünf Prozent zu erhöhen.

»Muss jeder sehen, wo er bleibt, Itzig«, hatte er gesagt. »Aber wieso gibst du mir nur den Ausschuss? Ich weiß doch, was du alles noch in deinem Lager stehen hast.«

Das stimmte, Itzig Goldmann hatte nicht vorgehabt, seine kostbarsten Stücke von einem Krisengewinnler verschleudern zu lassen. Er hatte immer noch die Hoffnung, es käme nicht zum Äußersten. Oder er konnte sich einfach nicht trennen von den Kunstwerken, die ihm die liebsten waren, die ihn bewegten und trösteten und ihn an das Schöne und Gute glauben ließen in dieser dunklen Zeit.

»Da bist du ja, Liebes, bitte komm rein, es tut mir leid, wir müssen uns beeilen«, sagte Itzig, als Senta durch die Tür in den Salon trat und nasskalte Novemberluft hinter sich herschleifte. »Schnaps?«

Senta hatte ihren Schwiegervater selten trinken sehen, erst recht nicht bei der Arbeit, aber heute hatte er sich offenbar aus dem Schränkchen eine der Flaschen geholt, die eigentlich für nervöse Kunden vor einem größeren Kauf reserviert waren.
Senta lehnte ab, sie wollte klar bleiben bei dem, was jetzt anstand.
Es hingen schon keine Bilder mehr an den Wänden des Salons, Itzig hatte alles abgehängt und auf dem Boden an die Wand gelehnt. Den Perserteppich hatte er eingerollt und auf einem Tisch die Schreibmaschine bereitgestellt. Senta setzte sich und zog das erste Blatt Papier ein.
»Was soll ich schreiben?«
Itzig ließ sich in einen der Sessel sinken und sagte eine ganze Weile gar nichts.
»Alles, was noch da ist, muss aufgelistet werden, Senta. Sie ziehen es ein. Und morgen muss ich den Schlüssel abgeben.«
Er stöhnte und goss sich noch ein Glas voll Schnaps ein, den er sich schnell und diskret in den Hals kippte, wie eine Medizin.

»Schelling hatte recht, ich hätte doch alles selbst verkaufen sollen«, sagte Itzig. »Jetzt ist es zu spät.«
Dann erhob er sich, ging zu den an der Wand lehnenden Bildern und begann zu diktieren.
…
Ludwig Gansheim, Flusslandschaft, 1898
Friedrich B. Carl, Stillleben, 1911
Max Liebermann, Schreibtisch, 1910
Leopold van de Heyden, Porträt des Stifters, 1802
…
Itzig räumte Leinwände hin und her, suchte nach Signaturen, strich liebevoll über Rahmen. Eine Stunde lang diktierte er, und Senta tippte konzentriert eine Seite nach der anderen, bis sie ihren Schwiegervater unterbrach.

»Wir müssen was davon verstecken, Itzig. Du kannst das doch nicht alles einfach hergeben.«
Itzig ging eine Weile auf und ab und schüttelte den Kopf.
»Die haben sich hier gründlich umgesehen, Senta. Die haben mir Spitzel vorbeigeschickt, die sich gezielt nach bestimmten Künstlern erkundigt haben und dann nie wieder aufgetaucht sind. Die wissen, was hier hängt. Wenn ich etwas unterschlage, bringe ich mich und Helene nur noch mehr in Gefahr.«
Sie schwiegen eine Weile, weil Senta ein neues Farbband einlegen musste. Dann löschte Itzig plötzlich das große Licht, nur die Lampe an Sentas Tisch brannte noch. Er zog einen Stuhl heran und setzte sich ganz nah neben sie, er nahm ihre Hand und raunte: »Es gibt nur ein Bild, von dem niemand weiß. Es ist mein kostbarster Besitz, ich habe es nie öffentlich ausgestellt und niemandem davon erzählt. Komm mit, ich zeige es dir.«
Senta folgte ihm durch den dunklen Salon nach hinten in die kleine Abstellkammer. Itzig schloss die Tür, sodass sie nun völlig im Dunkeln standen, erst dann betätigte er den Lichtschalter. Die nackte Glühbirne, die von der Decke baumelte, warf ein funzeliges Licht auf sie beide.
»Hilf mir, Liebes.«
Senta half Itzig, einen Schrank zu verrücken, hinter dem ein in die Wand eingelassener Tresor zum Vorschein kam. Itzig öffnete die Tür und nahm ein kleines, in Papier eingeschlagenes Bild heraus, das er vorsichtig auswickelte. Es hatte einen schlichten Holzrahmen und war etwas größer

als ein Blatt Schreibmaschinenpapier. Senta brauchte ein wenig, bis sie erkennen konnte, was auf dem Bild zu sehen war: eine Frau in einem langen blauen Gewand, die vor einem geöffneten Fenster stand, durch das rotgoldenes Licht in den Raum und auf ihr Gesicht fiel.

»Das habe ich vor einiger Zeit aus dem Nachlass eines holländischen Kaufmanns ersteigert. Ich bin sicher, dass es ein Vermeer ist, auch wenn es dazu bislang keine offiziellen Expertisen gibt. Aber ich habe es einem befreundeten Restaurator gezeigt, ein echter Vermeer-Kenner, der meinen Eindruck bestätigt hat: Das Motiv, die Lichtsprache, der Strich, der Faltenwurf des Kleides, die ganze Aura dieses Werks – alles spricht dafür. Schau, hier unten ist es beschädigt worden, deshalb fehlt die Signatur. Ich wollte längst Gutachten erstellen lassen, um meinen Verdacht zu bestätigen, aber jetzt ist es zu spät. Wenn ich recht habe, ist dieses Bild von unschätzbarem Wert.«

Senta sah ihren Schwiegervater an, der nach Worten zu ringen schien.

»Du kannst es mir geben, Itzig. Ich verstecke es für dich.«
»Das ist zu gefährlich, Senta. Das alles ist viel zu gefährlich für dich, und du solltest eigentlich gar nicht mehr hier sein. Julius hatte recht, es gibt für niemanden von uns hier eine Zukunft. Wir sind alt, uns erwartet nichts mehr, aber ihr könnt zusammen im Ausland neu anfangen. Er braucht dich. Ich bitte dich, fahr zu ihm.«
»Ich kann hier nicht einfach weg. Was ist mit euch? Und dem Verlag? Und Evelyn?«
»Noch haben wir Geld, Helene und ich kommen zurecht, bitte sorge dich nicht um uns. Was nutzt der Verlag, wenn niemand mehr frei schreiben kann, was er denkt? Und Evelyn hat ein Zuhause, Senta. Und ihr Zuhause ist nicht hier bei dir in Berlin.«
»Gib mir das Bild, ich verstecke es für dich.«
»Ich schenke es dir, Senta. Nimm es, mach es zu Geld und fang damit neu an. Aber du musst mir versprechen, dass du Berlin verlässt. Fahr zu Julius. Das hier wird alles nicht gut enden.«

Senta versprach es. Und als sie wenig später den Kunstsalon Goldmann verließ, am letzten Abend seiner Existenz, hatte sie ein rahmenloses Ölgemälde in ihrer Tasche, geschützt zwischen zwei Pappen, umwickelt mit Zeitungspapier, das sie so diskret wie möglich nach Hause und in Sicherheit bringen musste.

Der nächste Tag war ein Tag voller Abschiede. Senta brachte Evelyn zum Bahnhof, ermahnte sie mehrfach, auf ihren Koffer zu achten und nicht einzuschlafen auf der Fahrt. Sie umarmte sie lange und ignorierte, wie steif sich Evelyn in ihren Armen machte. Evelyn konnte nicht wissen, dass sie ihre Mutter für eine Weile nicht wiedersehen würde. Dass dies womöglich ein Abschied für immer war. Dass in ihrem Koffer, heimlich eingenäht zwischen Außenleder und Innenfutter, ein wertvolles Bild versteckt war. Ein Bild, das Evelyn helfen sollte, falls Senta es nicht mehr würde tun können. Ein Schatz, von dem Senta nur hoffen konnte, Trude würde ihn in Evelyns Sinn verwenden.
Vom Bahnhof fuhr sie nach Hause, in ihre Wohnung, die ohne Julius so leer und trostlos war. Sie holte ein scharfes Küchenmesser und schlitzte das Sofakissen auf, in das sie vor einer Weile ihre Ersparnisse eingenäht hatte. Sie nahm einen Briefumschlag aus dem Sekretär, schrieb Lottes Adresse darauf und steckte ihren Wohnungsschlüssel hinein. Dann ging sie zu ihrem Kleiderschrank und zog drei Kleider übereinander, verfluchte sich dafür, ihren Pelzmantel verkauft zu haben, entschied sich für das praktischste Paar

Schuhe, das sie besaß, schloss die Wohnungstür hinter sich und lief in Richtung U-Bahnhof, ohne sich noch einmal umzusehen. Bloß kein Aufsehen erregen, einfach verschwinden.

Senta dachte an Itzig Goldmann, der wohl gerade die Liste mit Kunstwerken und den Schlüssel seines Geschäfts an einen Abgesandten der Reichskammer übergab. Sie dachte an das Versprechen, das sie ihm gegeben hatte, und an Julius, den sie, wenn alles gut ging, in wenigen Tagen wiedersehen würde. Sie stieg in eine Bahn in Richtung Westen, sie würde den zweiten Notkoffer aus dem Versteck holen und dann versuchen, noch heute einen Zug in Richtung Rostock zu bekommen.

Das war's dann also, dachte Senta. Mach's gut, Berlin, du glitzerndes, stinkendes, alles und jeden verschlingendes, schrecklich-schönes Monster. Es war lange gut in deinem Bauch, aber jetzt spuck mich aus. Lass mich gehen. Wir sind fertig miteinander.

ROSA LUXEMBURG

Briefe aus dem Gefängnis

Mitte November 1917

Meine geliebte Sonitschka, ich hoffe, bald Gelegenheit zu haben, Ihnen endlich wieder diesen Brief zu schicken, und greife mit Sehnsucht zur Feder. Wie lange musste ich jetzt die liebe Gewohnheit entbehren, mit Ihnen wenigstens auf dem Papier zu plaudern! Aber es ging nicht, die wenigen Briefe, die ich schreiben durfte, musste ich für Hans D. aufsparen, der ja darauf wartete. Nun ist es damit vorbei, meine zwei letzten Briefe waren schon an einen Toten geschrieben, einen habe ich schon zurückgekriegt. Unfassbar bleibt mir die Tatsache immer noch. Doch reden wir lieber nicht darüber, ich mache solche Sachen am liebsten mit mir allein ab, und wenn man mich »schonend« auf die schlimme Nachricht vorbereiten und durch eigenes Wehklagen »trösten« will, wie N. es tat, so irritiert mich das unsagbar. Dass mich meine nächsten Freunde immer noch so wenig kennen und so unterschätzen, dass sie nicht begreifen: Das Beste und Feinste in solchen Fällen ist, mir schleunigst, aber kurz und einfach die zwei Worte zu sagen: Er ist tot – das kränkt mich, doch Schluss damit.
… Wie schade um die Monate und Jahre, die jetzt vergehen und in denen wir zusammen so viel schöne Stunden verleben könnten, trotz all dem Schrecklichen, was in der Welt vorgeht. Wissen Sie, Sonitschka, je länger das dauert und je mehr das Niederträchtige und Ungeheuerliche, das jeden Tag passiert, alle Grenzen und Maße übersteigt, umso ru-

higer und fester werde ich, wie man gegenüber einem Element, einem Buran, einer Wasserflut, einer Sonnenfinsternis, nicht sittliche Maßstäbe anwenden kann, sondern sie nur als etwas Gegebenes, als Gegenstand der Forschung und Erkenntnis betrachten muss.
Dies sind offenbar die objektiv einzig möglichen Wege der Geschichte und man muss ihr folgen, ohne sich an der Hauptrichtung beirren zu lassen. Ich habe das Gefühl, dass dieser ganze moralische Schlamm, durch den wir waten, dieses große Irrenhaus, in dem wir leben, auf einmal, so von heute auf morgen wie durch einen Zauberstab ins Gegenteil, in ungeheuer Großes und Heldenhaftes umschlagen kann, und – wenn der Krieg noch ein paar Jahre dauern wird – umschlagen muss … Lesen Sie mal »Les dieux ont soif« von An. France. Ich halte das Werk für so groß hauptsächlich deshalb, weil es mit genialem Blick für das Allmenschliche zeigt: Seht, aus solchen Jammergestalten und solcher alltäglichen Kleinlichkeit werden in entsprechenden Momenten der Geschichte die riesenhaftesten Ereignisse und die monumentalsten Gesten gemacht. Man muss alles im gesellschaftlichen Geschehen wie im Privatleben nehmen: ruhig, großzügig und mit einem milden Lächeln. Ich glaube fest daran, dass sich schließlich alles nach dem Kriege oder zum Schluss des Krieges zum Richtigen wendet, aber wir müssen offenbar erst durch eine Periode der schlimmsten menschlichen Leiden waten.

Apropos, meine letzten Worte wecken in mir eine andere Vorstellung, eine Tatsache, die ich Ihnen mitteilen möchte, weil sie mir so poetisch und so rührend vorkam. Ich las neulich in einem wissenschaftlichen Werk über den Vogelzug, der ja bis jetzt ein ziemlich rätselhaftes Phänomen darstellt, dass dabei beobachtet worden ist, wie verschiedene Arten, die sich sonst als Todfeinde befehden und auffressen, friedlich nebeneinander die große Reise südwärts übers Meer machen: Nach Ägypten kommen zum Winter gewaltige Scharen von Vögeln, die wie Wolken in der Höhe schwirren und den Himmel verdunkeln, und in diesen Scharen fliegen mitten unter Raubvögeln, Habichten, Adlern, Falken, Eulen, Tausende von kleinen Singvögeln, wie Lerchen, Goldhähnchen, Nachtigallen, ohne jede Angst mitten unter Raubvögeln, die ihnen sonst nachstellen. Auf der Reise scheint also stillschweigend eine *trêve de dieu* zu herrschen, alle streben dem gemeinsamen Ziel zu und fallen halbtot vor Erschöpfung am Nil auf die Erde, um sich nach Arten und Landsmannschaften zu sondern. Ja, noch mehr, man hat beobachtet, dass auf dieser Reise »über den großen Teich« große Vögel viele kleine auf ihrem Rücken transportieren, so hat man Scharen von Kranichen vorüberziehen sehen, auf deren Rücken winzige Zugvögelchen lustig zwitscherten! Ist das nicht reizend?

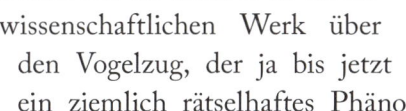

… Ich habe neulich in einer sonst geschmacklosen und kunterbunten Sammlung von Gedichten eins von Hugo v. Hoffmannsthal entdeckt. Ich mag ihn sonst gar nicht, finde ihn gesucht, raffiniert, unklar, ich verstehe ihn einfach gar nicht. Dieses Gedicht aber gefiel mir sehr und hat auf mich einen starken poetischen Eindruck gemacht. Ich lege es Ihnen anbei, vielleicht macht es Ihnen auch Vergnügen. Ich bin jetzt tief in der Geologie. Sie wird Ihnen wohl als eine sehr trockene Wissenschaft vorkommen, das ist aber ein Irrtum. Ich lese sie mit fieberhaftem Interesse und leidenschaftlicher Befriedigung, sie erweitert kolossal den geistigen Horizont und verschafft eine so einheitliche, allumfassende Vorstellung von der Natur, wie keine Wissenschaft es vermag. Ich möchte Ihnen eine Menge davon erzählen, aber dazu müssten wir uns sprechen können, zusammen an einem Vormittag am Südender Feld schlendern oder einander in einer stillen Mondnacht ein paarmal gegenseitig nach Hause hinüber begleiten. Was lesen Sie? Wie steht's mit der Lessing-Legende? Ich will von Ihnen alles wissen! Schreiben Sie – wenn es geht – sofort auf demselben Wege oder wenigstens auf dem offiziellen Wege, ohne diesen Brief zu erwähnen. Ich zähle auch schon im Stillen die Wochen, die ich Sie wieder hier sehen werde. Das wird doch wohl bald nach Neujahr sein, nicht wahr?

Was schreibt Karl? Wann werden Sie ihn wiedersehen? Grüßen Sie ihn tausendmal von mir. Ich umarme Sie und drücke Ihnen fest die Hand, meine liebe, liebe Sonitschka! Schreiben Sie bald und viel.

Ihre Rosa

Al-Fatiha, die erste Sure des Koran, bekam Sevda von ihrer Oma beigebracht, als sie vielleicht so alt war wie ihre Tochter jetzt, sieben. Niemals aufbegehren, immer dankbar sein für das, was man hat, auch das hat ihre Babaanne ihr beigebracht, selbst wenn sie Sevda das genaue Gegenteil vorlebte. Ihre Babaanne ließ sich nämlich von niemandem irgendetwas sagen, und schon gar nicht von ihrem Mann. Sie sah sich immer im Recht, und oft schien sie es auch zu sein. Und doch forderte Babaanne von allen anderen Demut ein und predigte sie, als wäre sie die höchste aller Tugenden und garantiere ein besonders schattiges Plätzchen im Paradies.

Als Sevda im Alter von zwölf Jahren mit den Großeltern in Karlıdağ zurückbleiben musste und der Rest der Familie nach Deutschland zu Hüseyin durfte, war Sevda vor allem verwirrt darüber, dass man Dinge von ihr erwartete, die für andere nicht zu gelten schienen. Sie musste aber erst dreizehn Jahre alt werden, bis sie sich das allererste Mal traute, deutlich und bestimmt *Nein* zu sagen. Immerhin ging es um ihr Leben.

»NEIN. ICH. WILL. NICHT. HEIRATEN«, flüsterte Sevda damals, aber mit einem Nachdruck, der ihr Flüstern wie einen Schrei vibrieren ließ. Ihre Babaanne sah überrascht vom Gasherd auf und zu Sevda rüber. Dann streichelte sie ihr mit ihren schrumpeligen hennaroten Fingern über die Wange, wie um Sevda dafür zu loben, dass sie sich ihr endlich widersetzte.

»Kind, niemand wird dich dazu zwingen. Aber irgendwann musst du heiraten, und ich sage dir: Dieser Mann ist Lehrer. Einen besseren als ihn findest du hier nicht.«

Sie löste ihre kalten Finger von Sevdas weichem Gesicht und drückte ihre Hand. In Sevdas Augen sammelten sich Tränen. Sevda wandte den Blick von ihrer Babaanne ab und atmete flach, um die Tränen bei sich zu behalten. Ihre Augen fixierten das große runde Emailletablett, das an die Wand gelehnt dastand und auf dem ihre Babaanne sicher frischgeschnittene Hengel für den Lehrer servieren würde, wie sie es immer tat, wenn besondere Gäste kamen.

»Mir ist egal, ob er Lehrer ist. Der ist doch viel zu alt! Babaanne, ich will ihn nicht!«

Noch zwei Tage zuvor, als sie Sevda gesagt hatten, dass der Grundschullehrer sich bei ihrem Dede angemeldet hatte, um bei ihm um Sevdas Hand anzuhalten, hatten ihr die Ohren geglüht vor Aufregung. Sevda gefiel die Idee, dass jemand in sie verliebt war und sie mit ihm ein eigenes Zuhause haben würde, mit einem eigenen Ofen und einem eigenen Fernseher, vor dem sie jeden Sonntagabend Arm in Arm liegen würden, um gemeinsam *Dallas* zu schauen. Vielleicht würden sie sich danach auf den Mund küssen wie Pamela und Bobby. Sevdas Atem stockte bei dem Gedanken. Sie warf sich auf den Divan, schloss die Augen, malte sich aus, wie es weitergehen würde nach diesem Kuss.

Doch mit jeder vergehenden Stunde wurde Sevda klarer, wie wenig alles um sie herum jener Welt glich, in der Pamela im Badeanzug am Pool lag, bunte Getränke schlürfte und zum Abendessen an einer langen Tafel saß, und dass es hier weder einen Pool gab noch Frauen, die Badeanzüge besaßen oder an Tafeln aßen, und so verwandelten sich Sevdas *Dallas*-Träume schließlich wieder zurück in das Leben, das alle Frauen führten, die Sevda kannte: In ein Leben, das immerzu nach gedünsteten Zwiebeln roch, in dem ständig Kinder aus den Schößen purzelten, in dem man zuhause auf dem Boden aß und in den Wintern wegen der ununterbrochen heizenden Ofen schwitzte und in den Sommern fror.

»Ich werde nach Deutschland ziehen, Babaanne.«
Babaanne saß auf einem Kelim auf dem Küchenboden und schälte einen Apfel. Ihr grün glänzendes, geblümtes Samtkleid erinnerte Sevda an die Blumenwiesen im Dorf, die jedes Jahr nach sechs Monaten Schnee wie durch ein Wunder innerhalb weniger Tage erblühten. Vielleicht trug Babaanne ihre geblümten Kleider, um sich an ihr Dorf oben in den Bergen zu erinnern, das sie niemals hatte verlassen wollen und auch niemals

verlassen hätte, wenn ihr Sohn Hüseyin sie nicht dazu gezwungen hätte. Sevda war acht gewesen, als sie mit ihrer Mutter, ihren Geschwistern und den Großeltern runter in die Stadt gezogen war. Seitdem fuhr Babaanne jeden Sommer für ein paar Tage hoch ins Dorf zu den Verwandten, von denen es immer weniger gab, alle gingen sie weg nach Karlıdağ und in andere Städte.

Mit einem der Messer, die Sevdas Baba aus Deutschland mitgebracht hatte, zog Babaanne Kreise über den Apfel, bis die Schale als Spirale auf die Blumenwiese in ihrem Schoß fiel.

»Ich werde in Deutschland zur Schule gehen«, sprach Sevda ungefragt weiter. »Ich werde eine Geschäftsfrau werden, Babaanne.«

Babaanne schüttelte den Kopf und grinste, als hätte sie einen Witz gehört. Über ihr trockenes Gesicht rannen die Falten wie tausend kleine Flüsse, die alle an derselben Stelle zusammenliefen, in der klaffenden schwarzen Lücke neben ihrem Schneidezahn.

»Babaanne, warum lachst du? Baba hat gesagt, dass ich bald nachkommen darf. Wann holt er mich endlich?«

Babaanne hielt Sevda ein Apfelstück hin.

»Er holt dich, wenn Dede und ich sterben. Wer soll denn sonst auf uns aufpassen?«

»Und wer passt auf euch auf, wenn ihr mich an diesen Lehrer verheiratet?«

»Du wärst doch in der Nähe, mein Kind. Er will in ein Haus hier im Viertel ziehen.«

Sevda musste schlucken. Es war also schon an alles gedacht. An alles, außer an Sevdas eigene Wünsche. Das Apfelstück hing immer noch in der Luft. Als ob die Alten jemals sterben würden. So viele Vitamine, wie sie ständig fraßen. Sevda schnappte nach dem Apfel, bevor Babaanne sich entschied, ihn selbst zu essen.
»Was ist das überhaupt, eine Geschäftsfrau?«, fragte Babaanne, wischte sich die Hände an einem der selbstgehäkelten Lappen ab, die wie an einer der Fahnengirlanden an den Nationalfeiertagen über dem Spülbecken hingen, und lief aus der Küche, ohne Sevdas Antwort abzuwarten.

Eine Geschäftsfrau war eine Frau, die gepflegt war und perfekte Kleidung anhatte und ihr Kinn eine Etage höher trug als alle gewöhnlichen Frauen und die ihre eigenen Entscheidungen traf, ohne ihren Mann oder ihre Eltern um Erlaubnis zu fragen. Einmal nur hatte Sevda eine solche Frau in echt gesehen. Sie war damals noch sehr klein, vier oder fünf vielleicht, jedenfalls lebten sie noch oben im Dorf, in dem der Schnee viel höher als unten in Karlıdağ war und in dem eigentlich niemals Menschen vorbeikamen, die man nicht zumindest vom Sehen kannte. Dick eingepackt wie eine Wassermelone, aus der zwei winzige Zahnstocherbeinchen ragten, stand Sevda dort oben im Dorf vor der grün gestrichenen Haustür und starrte in das endlose Weiß, das sich Tag für Tag vor ihr erstreckte, und da erschien plötzlich mitten im Weiß eine Frau mit einem Bobhaarschnitt und einer großen schwarzen Sonnenbrille.

Die Frau schaute auf einen Zettel, als suche sie ein bestimmtes Haus oder eine Person. Sie war das fremdeste Wesen, das Sevda jemals gesehen hatte. Ihr Pelzmantel war hellbraun und endete kurz über ihren Knöcheln, darunter ragten Stiefel mit Absätzen hervor, die sich ganz und gar nicht für die schlammigen Wege im Dorf eigneten. Aber die Frau sah auch nicht aus, als müsse sie viel gehen, dachte Sevda später, als ihr die Begegnung wieder einfiel, so eine hatte einen Chauffeur und einen Mercedes oder so etwas. An ihrem Handgelenk trug die Frau eine kastenförmige blaue Handtasche, und als sie kurz ihre Sonnenbrille abnahm, sah Sevda, dass sie einen spitzen Lidstrich hatte wie die Frauen in den Filmen.

Bis heute weiß Sevda nicht, wer diese schöne Frau im Dorf damals war, nach wem sie suchte und ob sie fündig wurde. Als Sevda Jahre später einmal von der Begegnung erzählte, nannte ihr Dede die Erinnerung Unfug, sie habe sich das bloß eingebildet, was eine solche Frau da oben solle, nichts. Und es stimmte zwar, dass Sevda für ihr Leben gern vor sich hin träumte und sich Dinge ausmalte, aber

genau deswegen konnte sie die scharfe Trennlinie zwischen Realität und Traum ja überhaupt erkennen, viel klarer als jene, die längst keine Träume mehr hatten und an nichts glaubten, was nicht in der Moschee gepredigt worden war. Die Frau mit dem Bob und der Sonnenbrille hat es gegeben, Sevda ist sich sicher. Nur hat niemand außer ihr das Glück gehabt, ihr begegnen zu dürfen.

Den Lehrer, der um ihre Hand anhalten wollte, konnte Sevda noch abwimmeln. Ihsan nicht. Aber bis er in ihr Leben trat, vergingen noch ein paar Jahre, wertvolle Jahre, in denen Sevda der Person, die sie sein wollte, Stück für Stück näher kam. Erst einmal musste sie dafür aus dem trostlosen Haus ihrer Großeltern ausbrechen. Kurz bevor sie fünfzehn wurde, war es endlich so weit: Ihr Vater kam aus Deutschland und holte Sevda ab, um gemeinsam mit ihr zurückzureisen. Hüseyin lebte da schon seit fast zehn Jahren in Deutschland. Zwei Jahre zuvor hatte er Sevdas Mutter und ihre beiden Geschwister Hakan und Peri aus Karlıdağ geholt und mitgenommen. Jetzt war es die letzte Möglichkeit für Sevda nachzuziehen, denn nur Arbeiterkinder unter sechzehn durften nach Deutschland einwandern, und in Sevdas gelbem Ausweis stand, dass sie bald sechzehn wurde.
Eigentlich war er einem Kind ausgestellt worden, das ein Jahr vor ihr zur Welt gekommen und nach wenigen Wo-

chen gestorben war. Es hatte auch Sevda geheißen, und weil der Weg vom Dorf in die Stadt schon in den Sommermonaten beschwerlich und im Winter fast unmöglich war, hatte man sich nicht die Mühe gemacht, den Tod des einen und die Geburt des anderen Kindes zu melden. Was machte es für einen Unterschied, wo es sich doch auch noch bei beiden um Mädchen handelte.

Manchmal dachte Sevda, sie sei die Wiedergeburt dieser ersten Baby-Sevda, sie habe schon mal gelebt, das hier sei ihre zweite Chance, die sie zu nutzen und auszukosten hatte, indem sie das bestmögliche Leben lebte. Aber manchmal überkam sie auch ganz plötzlich eine Trauer darüber, dass sie keinen eigenen Namen besaß und dass dadurch alles an ihrem Dasein wie geborgt schien, dass ihr jederzeit alles genommen werden konnte, ohne dass sie auch nur das Recht gehabt hätte, eine Träne darüber zu verlieren.

Eine Sache war es, das Leben eines verstorbenen Säuglings übergestülpt zu bekommen. Eine andere, wie ein kaputter Koffer bei den Großeltern zurückgelassen zu werden. Mit zwölf mutterseelenallein gewesen zu sein, während der Rest der Familie ein neues Leben in einem aufregenden Land am anderen Ende der Welt begann, bestimmte Sevdas ganzes Schicksal. Niemals würde sie sich erholen können von dieser Einsamkeit, immer würde das Alleinsein ein Teil von ihr bleiben. Sie würde es überallhin mit sich schleppen, bis in die süddeutsche Kleinstadt, in der ihre kleinen Geschwister schon längst eine neue Sprache sprachen, die sie nicht verstand. Und auch bis nach Niedersachsen, wo sie wenige Jahre später hochschwanger und mit einem Kleinkind auf dem Arm zu Liedern von Tracy Chapman weinen würde.

Doch wer einsam ist, ist auch frei. In der Einsamkeit lernte Sevda, ihre eigenen Gedanken zu formen und nur auf sie zu hören. Alles, was in ihrem Kopf passierte, gehörte nur ihr, niemand konnte es ihr wegnehmen. Darum beschloss Sevda in den zwei Jahren allein mit ihren Großeltern in Karlıdağ, sich das Lesen und Schreiben selbst beizubringen. Sobald die Hausarbeit erledigt war, besuchte sie jeden Tag die kleinen Nachbarskinder, die an ihren Schulaufgaben saßen. Sevda brachte ihnen getrocknetes Obst und Nüsse, um ihnen über die Schultern blicken zu können.

Als Sevda in ihrem Alter gewesen war, war sie noch mit ihrer Familie oben im Dorf gewesen, wo es keine Schule gab. Und als sie schließlich runter in die Stadt zogen – wenn man diesen Ort, an dem mehr Hühner und Schafe als Autos die kaputten Asphaltstraßen benutzten, überhaupt als Stadt bezeichnen konnte –, war Sevda bereits acht gewesen. Kein kleines Kind mehr, und Schule war nur etwas für kleine Kinder, sagte jedenfalls ihre Mutter, und die musste es wissen. Schließlich hatte Emine im Gegensatz zu Sevda in ihrem Heimatdorf damals eine Grundschule besucht und konnte jeden Abend vor der versammelten Familie stolz den Spruch des aktuellen Kalenderblatts vorlesen.

Lebt wohl

Lebt wohl, es kann nicht anders sein!
Spannt flatternd eure Segel aus,
lasst mich in meinem Schloss allein,
im öden geisterhaften Haus.

Lebt wohl und nehmt mein Herz mit euch
und meinen letzten Sonnenstrahl;
er scheide, scheide nur sogleich,
denn scheiden muss er doch einmal.

Lasst mich an meines Sees Bord,
mich schaukelnd mit der Wellen Strich,
allein mit meinem Zauberwort,
dem Alpengeist und meinem Ich.

Verlassen, aber einsam nicht,
erschüttert, aber nicht zerdrückt,
solange noch das heil'ge Licht
auf mich mit Liebesaugen blickt.

Solange mir der frische Wald
aus jedem Blatt Gesänge rauscht,
aus jeder Klippe, jedem Spalt
befreundet mir der Elfe lauscht.

Solange noch der Arm sich frei
und waltend mir zum Äther streckt
und jedes wilden Geiers Schrei
in mir die wilde Muse weckt.

ANNETTE VON DROSTE-HÜLSHOFF

Seit dem frühen Morgen steht im Vorzimmer ein großer, altmodischer, mit Leinwand sorgfältig überzogener und gut verschnürter Koffer. An ihm hängen ein ganzes Sortiment kleiner Kartons, Körbchen, Säckchen und Bündel, ohne die eine alte Jungfer keine Reise antritt. Der altersschwache Tarantass mit einem Dreigespann in einfachstem Geschirr, das der Kutscher Jakow immer verwendet, wenn eine weite Reise zu machen ist, wartet schon vor der Freitreppe. Die Dienstmädchen laufen hin und her, allerhand Kleinigkeiten geschäftig bringend und wegtragend. Papas Kammerdiener Ilja aber steht unbeweglich, an den Türpfosten gelehnt, und drückt durch seine ganze nachlässige Haltung aus, dass die bevorstehende Abreise gar nicht so wichtig sei und es sich nicht lohne, deswegen im Hause so viel Aufhebens zu machen.

Nach altem Brauch fordert der Vater alle auf, sich vor der Abreise noch einmal zu setzen. Die Herrschaft nimmt die vorderen Plätze ein und etwas weiter nach hinten drängt sich das Gesinde, das sich ehrerbietig auf den Rand der Stühle setzt. Einige Minuten vergehen in andächtigem Schweigen, während welcher Zeit die Seele unwillkürlich von einem Gefühl nervöser Schwermut erfasst wird, die jede Trennung und Abreise unvermeidlich hervorruft. Nun gibt der Vater das Zeichen zum Aufbruch. Er bekreuzigt sich vor dem Heiligenbild, die Übrigen folgen seinem Beispiel und hierauf beginnen die Umarmungen unter Tränen.

Ich sah jetzt meine Gouvernante an, die ein dunkles Reisekleid trug und in ein weiches Tuch gehüllt war, und auf einmal erschien sie mir anders als bisher. Sie kam mir plötzlich gealtert vor: Ihre volle energische Gestalt war wie gebrochen und ihre »blitzeschleudernden« Augen, wie wir sie heimlich scherzweise nannten, denen nie einer meiner Verstöße entging, waren jetzt rot, verschwollen und voll Tränen. Ihre Lippen zuckten krampfhaft. Zum ersten Mal hatte ich Mitleid mit ihr. Sie umarmte mich lange, mit einem Ausbruch von Zärtlichkeit, die ich bei ihr nie vermutet hätte. »Vergiss mich nicht und schreibe mir! Es ist keine Kleinigkeit, sich von einem Kind zu trennen, das man seit seinem fünften Lebensjahr erzogen hat!«, sagte sie schluchzend. Auch ich falle ihr um den Hals und beginne verzweifelt zu weinen. Mich ergreift eine trostlose Schwermut, der Gedanke an einen unwiederbringlichen Verlust, als ob mit ihrer Abreise unsere Familie zerfallen würde. Und dazu kam noch das Bewusstsein meiner eigenen Schuld. Ich schäme mich so entsetzlich, wenn ich mich erinnere, wie ich all die letzten Tage, sogar noch an diesem Morgen, im Geheimen jubelte bei dem Gedanken an ihre Abreise und an die bevorstehende Freiheit.
»So habe ich denn erreicht, was ich wollte. Da reist sie wirklich fort und wir bleiben allein!« Und in diesem Augenblick tat es mir um sie so leid, dass ich Gott weiß was darum gegeben hätte, sie zurückhalten zu können. Ich klammere mich an sie und glaube, mich von ihr nicht trennen zu können. »Es ist Zeit zu fahren, wenn man die Stadt

noch bei Tageslicht erreichen will!«, sagt jemand. Alle Sachen sind schon im Wagen verstaut. Auch die Gouvernante hat bereits Platz genommen. Noch eine lange, zärtliche Umarmung.
»Fräulein, geben Sie acht, geraten Sie nicht unter die Pferde!«, schreit jemand, und der Wagen setzt sich in Bewegung.
Ich laufe hinauf in das Eckzimmer, von dessen Fenster man den Blick hat auf die ganze, lange, eine Werst sichtbare Birkenallee, die vom Hause auf die große Landstraße führt, und drücke das Gesicht an die Scheibe. Solange man den Wagen sieht, kann ich mich vom Fenster nicht losreißen, und das Gefühl meiner eigenen Schuld wird immer stärker. Mein Gott! Wie leid mir jetzt die fortreisende Gouvernante tut! Alle unsere Auseinandersetzungen – und es gab deren sehr viele in der letzten Zeit – erscheinen mir jetzt in ganz anderem Licht.
»Sie liebte mich. Sie wäre geblieben, wenn sie gewusst hätte, wie viel sie mir bedeutet. Jetzt liebt mich niemand, niemand mehr!«, dachte ich in später Reue, und mein Schluchzen wurde immer lauter.
»Wegen Margareta grämst du dich so sehr?«, ruft mir der Bruder Fedja im Vorbeilaufen zu. Aus seiner Stimme hört man deutlich Verwunderung und Spott heraus. »Lass sie in Ruhe, Fedja, das macht ihr Ehre, so anhänglich zu sein«, höre ich die belehrende Stimme der alten Tante, die wir Kinder nicht liebten, weil wir sie für falsch hielten. Der Spott des Bruders wirkte ebenso unangenehm auf mich

wie das süßliche Lob der Tante. Ich konnte es schon seit der Kindheit nicht vertragen, wenn mich Leute in meinem Leid ohne ehrliche Anteilnahme zu trösten versuchten. Deshalb stieß ich zornig die Hand, welche die Tante in scheinbarer Zärtlichkeit auf meine Schulter gelegt, weg und erwiderte erbost: »Weder gräme ich mich, noch bin ich anhänglich!« Dann lief ich schnell in mein Zimmer.

Beim Anblick des leeren Arbeitszimmers hätte mich beinahe wieder die Verzweiflung übermannt. Allein der Gedanke, dass mich jetzt niemand stören wird, mit meiner Schwester, sooft es mir beliebt, beisammen zu sein, tröstete mich ein wenig. Ich beschloss sofort, zu ihr zu gehen und nachzusehen, was sie wohl macht.

Anjuta geht im großen Saal auf und ab, wie immer, wenn sie etwas Besonderes beschäftigt oder ihr irgendetwas Sorge macht. Sie ist zerstreut, die leuchtenden grünen Augen erscheinen ganz durchsichtig und bemerken nicht, was ringsherum vorgeht. Ohne es zu wissen, passt sie ihre Schritte ihren Gedanken an – sind diese traurig, geht sie langsamer, beleben sie sich, dann werden die Schritte schneller und schneller, sodass sie schließlich hin und her zu laufen beginnt. Alle im Hause kennen diese Gewohnheit und ziehen sie damit auf. Ich habe sie oft heimlich beobachtet, wenn sie so umherging, und hätte zu gern gewusst, woran Anjuta denkt.

Wiewohl ich aus Erfahrung weiß, dass in solchen Augenblicken nichts aus ihr herauszubekommen war, verliere ich denn doch die Geduld, als ich sehe, dass ihr Spaziergang gar kein Ende nimmt, und mache einen Versuch zu sprechen.

»Anjuta, mir ist so langweilig! Gib mir eines deiner Bücher zum Lesen!«, sage ich mit flehender Stimme. Aber Anjuta setzt ihren Spaziergang fort, als ob sie nichts gehört hätte. Abermals einige Minuten Schweigen. »Anjuta, woran denkst du?«, entschließe ich mich endlich zu fragen. »Ach, geh doch, ich bitte dich! Bist noch zu klein, als dass man dir alles sagen könnte!«, lautet die verächtliche Antwort. Jetzt bin ich die Beleidigte. »So bist du ... du willst nicht einmal mit mir sprechen! Margareta ist jetzt fort, und ich glaubte, wir werden so freundschaftlich zusammenleben, und nun jagst du mich weg! Gut, ich gehe, aber lieben werde ich dich gar nicht, gar nicht!«

Ich war dem Weinen nahe und wollte gerade gehen, da rief mich die Schwester zu sich. Im Grunde brannte sie selbst vor Verlangen, irgendjemandem von alldem zu erzählen, was sie so sehr in Anspruch nahm. Und da sie mit niemandem im Hause darüber sprechen konnte und sie kein besseres Publikum hatte, war auch die zwölfjährige Schwester gut genug.

»Hör einmal!«, sagte sie. »Wenn du versprichst, dass du keinem, niemals, unter gar keinen Umständen etwas ausplaudern wirst, so vertraue ich dir ein sehr großes Geheimnis an.«

Meine Tränen versiegten im Augenblick und der Zorn verging, als wäre er nie gewesen. Ich schwur selbstverständlich, dass ich schweigen werde wie ein Fisch, und erwartete mit Ungeduld, was sie mir sagen würde. »Gehen wir in mein Zimmer«, sagte sie feierlich. »Ich werde dir etwas zeigen, was du sicherlich nicht erwartet hättest.«
Und da führt sie mich in ihr Gemach, zu ihrem alten Schreibtisch, in dem – ich weiß es – ihre heiligsten Geheimnisse aufbewahrt sind. Ohne sich zu beeilen, langsam, um die Neugier zu erhöhen, öffnet sie eine der Schubladen und zieht aus ihr ein großes Kuvert, das mit einem roten Siegel mit der Aufschrift »Epoche« versehen ist. Auf dem Kuvert die Adresse: Donna Nikitischna Kusmin. Das war der Name unserer Wirtschafterin, die meiner Schwester mit ganzer Seele ergeben ist und für sie durchs Feuer gegangen wäre. Aus diesem Kuvert zieht die Schwester ein anderes, kleineres heraus mit der Aufschrift: »Zur Übergabe an Anna Wassiliewna Korwin-Krukowski«. Und endlich gibt sie mir einen Brief mit großen, männlichen Schriftzügen.
Ich habe den Brief in diesem Augenblick nicht bei mir, allein ich habe ihn in meiner Jugend so oft gelesen und wieder gelesen. Und er hat sich meinem Gedächtnis so sehr eingeprägt, dass ich ihn beinahe Wort für Wort wiedergeben kann.
»Verehrte Anna Wassiliewna!
Ihr Brief voll von einem so lieben und freundlichen Vertrau-

en zu mir hat in mir ein solches Interesse erweckt, dass ich mich unverzüglich an das Lesen Ihrer eingesandten Erzählung machte.

Ich gestehe Ihnen, ich begann nicht ohne geheime Furcht zu lesen. Uns Redakteuren von Zeitschriften ist so oft die traurige Pflicht auferlegt, junge Schriftsteller, die uns ihre ersten literarischen Versuche zur Prüfung einsenden, zu enttäuschen. In Ihrem Falle wäre mir dies sehr schmerzlich gewesen. Aber während ich las, verschwand meine Furcht, und ich gab mich mehr und mehr dem Zauber jener jugendlichen Unmittelbarkeit, jener Aufrichtigkeit und Wärme des Gefühls hin, von denen Ihre Erzählung erfüllt ist. Eben diese Eigenschaften bestechen bei Ihnen so sehr, dass ich fürchte, ich befinde mich auch jetzt unter deren Einfluss, deshalb wage ich es noch nicht, kategorisch und unparteiisch auf die Frage, die Sie mir stellen: »ob sich mit der Zeit eine große Schriftstellerin aus mir entwickeln wird«, zu antworten.

Eines kann ich Ihnen sagen: Ich werde Ihre Erzählung mit großem Vergnügen in der nächsten Nummer meiner Zeitschrift veröffentlichen. Was aber Ihre Frage betrifft, so rate ich Ihnen: Schreiben und arbeiten Sie, das Übrige wird die Zeit erweisen.

Ich möchte es Ihnen nicht verschweigen: Es gibt in Ihrer Erzählung viel Unfertiges und allzu große Naivität, es gibt sogar, verzeihen Sie die Offenheit, Verstöße gegen die russische Grammatik. Aber alles das sind kleine Mängel, die Sie, wenn Sie sich Mühe geben, überwinden können. Im

Allgemeinen ist der Eindruck sehr günstig. Deshalb wiederhole ich: Schreiben Sie, schreiben Sie! Ich werde mich aufrichtig freuen, wenn Sie mir etwas mehr über sich selbst mitteilten. Wie alt Sie sind, in welcher Umgebung Sie leben. Das alles zu wissen, ist für die richtige Würdigung Ihres Talents von Wichtigkeit.
Ihr ergebener
Fedor Dostojewski.«
Ich las diesen Brief, und vor meinen Augen tanzten die Buchstaben vor Erstaunen. Der Name Dostojewski war mir nicht unbekannt. Ich hatte ihn in der letzten Zeit oft in den Debatten zwischen Vater und Schwester bei Tische nennen hören. Ich wusste, dass er einer der hervorragendsten russischen Schriftsteller war. Aber wie kommt er dazu, Anjuta zu schreiben, und was hat das alles nur zu bedeuten? Einen Augenblick dachte ich, dass mich die Schwester zum Besten halte, um dann über meine Leichtgläubigkeit zu lachen.
Als ich den Brief zu Ende gelesen, sah ich die Schwester schweigend an und wusste nicht, was ich sagen sollte. Anjuta ergötzte sich augenscheinlich an meiner Verwunderung.
»Verstehst du das, verstehst du!«, rief sie endlich mit freu-

dig erregter Stimme. »Ich habe eine Erzählung geschrieben, und ohne jemandem ein Wort zu sagen, schickte ich sie an Dostojewski. Und siehst du, er findet sie gut und wird sie in seiner Zeitschrift veröffentlichen. So haben sich auch meine geheimen Träume verwirklicht. Jetzt bin ich eine russische Schriftstellerin!«, jubelte sie in ihrem nicht mehr zu bändigenden Entzücken.

Um zu verstehen, was für uns das Wort »Schriftstellerin« bedeutete, muss man bedenken, dass wir in einem ganz entlegenen Dorf lebten, fern von jedem noch so schwachen Verkehr mit der literarischen Welt. Zwar wurde in unserer Familie viel gelesen – und man bestellte auch viele neue Bücher –, aber jedes Buch, jedes gedruckte Wort betrachteten wir, nicht nur wir, sondern unsere ganze Umgebung, wie einen Boten aus einer fernen, unsichtbaren, fremden Welt, die mit uns nichts Gemeinsames hat. So seltsam dies auch klingen mag, weder die Schwester noch ich hatten jemals einen Menschen gesehen, der auch nur eine Zeile veröffentlicht hätte. Es gab zwar in unserer Kreisstadt einen Lehrer, von dem plötzlich das Gerücht ging, er schreibe hie und da Berichte über unseren Kreis. Und ich erinnere mich, mit welch ehrerbietiger Furcht ihm alle begegneten,

bis man endlich entdeckte, dass diese Berichte nicht von ihm, sondern von einem durchreisenden Journalisten aus Petersburg verfasst worden waren.

Und da auf einmal ist meine Schwester Schriftstellerin! Ich fand keine Worte, ihr mein Entzücken und mein Erstaunen auszudrücken. Ich warf mich an ihren Hals und wir hielten uns lange umschlungen, lachten vor Freude und schwatzten allerhand Unsinn.

Keinem von den übrigen Hausgenossen wollte die Schwester von ihrem Triumph erzählen. Sie wusste, dass alle, sogar die Mutter, erschrecken und alles dem Vater mitteilen würden. In den Augen des Vaters aber würde das Vorgehen, ohne zu fragen an Dostojewski zu schreiben und sich seiner Kritik und vielleicht seinem Gespött hinzugeben, als ein furchtbares Verbrechen erschienen sein.

Mein armer Vater! Er verabscheute weibliche Schriftsteller und sagte jedem von ihnen einen lockeren Lebenswandel nach, der mit der Literatur gar nichts Gemeinschaftliches habe. Und ihm war es beschieden, der Vater einer Schriftstellerin zu sein.

Persönlich kannte mein Vater nur eine einzige dieser schreibenden Frauen, die Gräfin Rostoptschin. Er sah sie in Moskau zu der Zeit, da sie als glänzende Schönheit galt, für welche die ganze damalige Jeunesse dorée – auch mein Vater gehörte dazu – hoffnungslos seufzte. Viele Jahre später begegnete er ihr im Ausland wieder, ich glaube im Spielsaal von Baden-Baden.

»Ich sehe ... und traue meinen Augen nicht«, erzählte der Vater oft, »die Gräfin tritt ein, gefolgt von einer Schar höchst verdächtiger Personen, eine verkommener und ordinärer als die andere. Alle schreien, lachen, schnattern und benehmen sich ihr gegenüber sehr vertraulich. Sie geht an den Spieltisch und schleudert ein Geldstück nach dem andern hin. In ihren Augen glüht es, das Gesicht ist gerötet und der Chignon sitzt schief. Sie verspielte alles bis zum letzten Goldstück und schrie ihren Begleitern zu: ›Eh bien, messieurs, je suis vidée! Rien ne va plus!‹ Gehen wir den Schmerz in Champagner ertränken! Dahin führt die Schriftstellerei eine Frau!«

Es ist daher begreiflich, dass die Schwester sich nicht beeilte, dem Vater von ihrem Erfolg zu berichten. Aber gerade das Geheimnisvolle, mit dem sie ihr Debüt auf der literarischen Bühne zu umgeben gezwungen war, verlieh allem einen besonderen Reiz. Ich erinnere mich, welches Entzücken es gab, als einige Wochen später das Heft der »Epoche« kam und wir auf dem Titel lasen: »Der Traum«, eine Erzählung von J. O-wa. (Jurij Orbjelowa war das von Anjuta gewählte Pseudonym, da sie unter ihrem eigenen Namen nichts veröffentlichen konnte.)

Anjuta hatte mir selbstverständlich schon längst ihre Erzählung aus der bei ihr aufbewahrten Abschrift vorgelesen. Jetzt aber erschien mir diese Erzählung auf den Seiten der gedruckten Zeitschrift ganz neu und wunderbar schön.

Am Sonntagmorgen ist der Himmel pechschwarz. Wirklich pechschwarz. Es ist so dunkel, dass wir morgens in der Küche Licht anmachen müssen. Ida und ich sitzen am Esstisch, Ida liest, und ich arbeite an meiner Masterarbeit. Mama schaut Fernsehen oder vegetiert vielmehr auf dem Sofa, während der Fernseher läuft. Jan ist nicht da, sie haben sich gestern Abend lautstark gestritten, und ich weiß nicht, ob ich erleichtert bin oder Angst habe. Bisher ist das Arschloch seit den Pfannkuchen am Dienstag jeden Abend mit ihr zusammen von der Arbeit gekommen, sie haben auf dem Balkon getrunken und sind dann aufs Sofa oder ins Schlafzimmer übergesiedelt, und morgens, wenn ich das Haus mit oder ohne Ida verlassen habe, haben sie noch geschlafen. Wir gehen uns aus dem Weg. Die Küche ist Idas und mein Reich, der Balkon und das Wohnzimmer gehören Mama und Jan. Am Mittwochmorgen habe ich das Mama gegenüber klargestellt, und sie hat nur mit den Schultern gezuckt, hält sich aber dran. Ab und zu kommt sie zum Kühlschrank und holt Getränkenachschub, manchmal auch Chips oder andere Snacks. Gestern Abend hat sie gefragt, ob wir Oliven oder irgendwelche Antipasti haben, ich habe laut aufgelacht. Später, als ich im Bett lag, ist es lauter geworden. Sie haben auf dem Balkon gestritten. Es ging um irgendeine Marianne, zu der er doch abhauen soll, immer wieder ist der Name Marianne gefallen oder Schlampe, bis die Wohnungstür zuschlug. Ich frage

mich, ob wir das Arschloch schon los sind oder ob das nur ein unbedeutender Suff-Streit war. Normalerweise halten Mamas Liaisons um die 3 Wochen, aber es gibt immer Abweichler. 1-mal hatte sie einen Freund, der war fast 3 Monate hier. Oliver. Er war okay, aber auch Alkoholiker. Ich denke, dass Jan heute Abend wiederkommt.
Um 10:55 Uhr beginnt es zu donnern, um 11:23 Uhr zu tröpfeln, um 11:24 Uhr zu schütten, und dann geht die Welt unter. Es hagelt, stürmt, blitzt, donnert. Alles gleichzeitig, und es hört nicht auf. Vielleicht geht die Welt wirklich unter. Blumentöpfe fliegen durch die Gegend, Äste, Müll, ein Bach fließt die Fröhlichstraße herunter. Immer mehr Sirenen werden laut, während wir gemütlich am Esstisch sitzen.
Ich: Hast du Angst?
Ida: Nein, du?
Ich: Nein.
Ida: Irgendwie gemütlich, oder?
Ich: Ja, irgendwie schon.
So ein Weltuntergang kann uns beiden nichts mehr anhaben.
Um 12:49 Uhr ist das Gewitter vorbei, und es schüttet nur noch. Das Wetter hat umgeschlagen. Ich öffne alle Fenster der Küche und lasse die frische Luft rein.
Ich: Das tut gut.
Ich: Morgen Schwimmbad?
Ida nickt.
Ida: Vielleicht haben wir es jetzt überstanden?
Ich: Was meinst du?

Ida: Na die Hitze.
In dem Moment steht Mama in der Tür und geht zum Kühlschrank. Ihre Augen sind verheult.
Ich: Vielleicht.

Als nachts endlich wieder kalter, nach Regen duftender Wind auf mich fällt, lache ich laut, bis ich schließlich die Fenster schließen muss, weil es reinregnet.

Am Montagnachmittag läuft mir in der Fröhlichstraße eine fröhliche, mit Regenschirm bewaffnete Ida entgegen. Ich tue so, als ob ich sie nicht gesehen hätte, mache eine 180-Grad-Drehung und laufe zügig Richtung Schwimmbad. Ihre rennenden kleinen, lauter werdenden Schritte höre ich im Rücken, bis sie 10 Sekunden später versucht, halb joggend neben mir Schritt zu halten.
Ich: Wohin gehts, Sonnenschein?
Sie streckt mir die Zunge raus.
Der leere Parkplatz lässt jedoch bereits Schlimmes erahnen. »Geschlossen wegen Unwetter« steht auf dem Schild vor dem Eingang, auf dem sonst mit Kreide die Luft- und Wassertemperatur steht.
Ich: So eine Scheiße. Das Unwetter war doch gestern. Das hier ist einfach nur Regen.

Ida: Und nächste Woche schließt das Schwimmbad dann.
Die inzwischen nicht mehr fröhlich dreinblickende Ida dreht sich um und geht.
Ich: Na, dann müssen wir wohl einbrechen.
Damals bin ich in lauen Sommernächten ein paarmal betrunken mit Leon, Marlene und den anderen über den Zaun geklettert. Da dachten wir noch, die Welt gehöre uns und uns stünde Großes bevor, wobei ich schon ahnte, dass mir nicht so Großes bevorsteht wie den anderen. Später, als ich wusste, dass mir nichts Großes bevorsteht, bin ich noch 3-mal mit Marlene und Ivan eingebrochen.
Ida ist überfordert, als wir uns nach dem recht unspektakulären Überklettern des Zauns im leeren Schwimmbad befinden, überblickt das leere Becken, die leere Wiese, den runtergelassenen Rollladen beim Kiosk und steht 198 Sekunden einfach nur da. Aber dann lässt sie das Becken nicht länger auf sich warten und taucht ab. Ich atme den Chlor- und Regengeruch ein, schmeiße meinen Rucksack auf die Bank, ziehe das Kleid über meinen Kopf, springe kopfüber ins Wasser, tauche im tiefen Bereich bis zum Grund, setze mich auf den Boden und schaue mir das Ganze von unten an. Keine unkoordiniert zappelnden Kinderbeine, keine mehr oder weniger koordiniert zappelnden Seniorenbeine, keine tauchenden Kinderkörper, keine gemischten Beine am Beckenrand. Nur eine fröhliche, tauchende Ida und Abertausende Regentropfen, die an die Wasseroberfläche klopfen. Friedlich, denke ich und würde am liebsten noch ein bisschen hier unten sitzen bleiben, wenn ich dann nicht sterben

müsste. Ich stoße mich vom Boden ab und schwimme meine 22 Bahnen. Danach sitze ich frierend über eine Stunde auf Ursulas Bank und schaue Ida zu, die mich, jedes Mal wenn sie eine kurze Verschnaufpause macht, anstrahlt. Ich strahle zurück. Mir ist scheißkalt, mein Körper zittert, aber immer wenn sie fragt, ob wir noch kurz bleiben, nicke ich nur. Ich kann sowieso nicht mehr aufstehen. Dass ich ausgerechnet heute auf die heiße Dusche verzichten muss, ist hart, aber ich will Ida nicht auch noch zeigen, wie man mit einer Kreditkarte eine verschlossene Tür aufbekommt. Schwimmbadeinbruch aka über einen Zaun klettern reicht fürs Erste.

Auf dem Nachhauseweg bleibe ich vor dem Dönerladen stehen.
Ich: Pizza?
Ida nickt.
Als ich ihr den 10-Euro-Schein gebe, zögert sie.
Ich: Du bist gerade ins Schwimmbad eingebrochen, da wirst du wohl eine Familienpizza bestellen können.
Sie schaut mich böse an, nimmt den Schein, knüllt ihn zusammen und geht auf den Dönerladen zu.
»Frag, ob sie ein Viertel Hawaii für mich, ein Viertel Funghi für dich und eine Hälfte Salami für alle machen können«, rufe ich ihr nach. 10 Minuten später kommt sie mit einem stolzen Lächeln im Gesicht raus und gibt mir den Karton.
Ida: Ein Viertel Hawaii für dich, ein Viertel 4 Jahreszeiten für Mama und eine Hälfte Funghi für mich.
Touché.

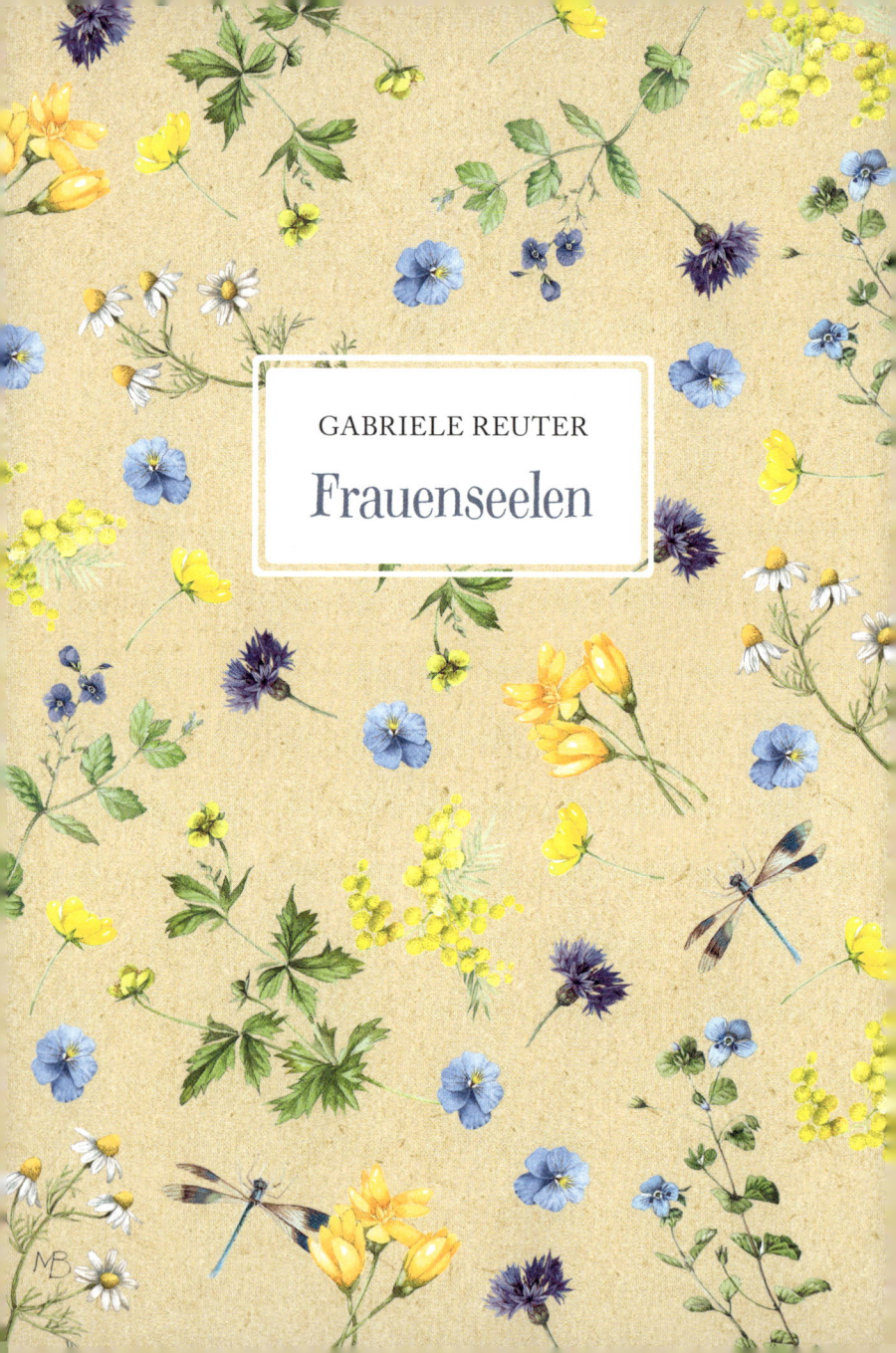

Am Rande des Kiefernwaldes stand der Gasthof, auf dem weißen Sand der märkischen Ebene. Ein rötlich violetter Streifen Heidekraut, der breite, zerwühlte Fahrweg und dann Kartoffel-, Rüben- und Roggenfelder, um den Horizont rings der Saum blaudunkler Wälder. Ein sehr einfaches Landschaftsbild, aber es gefiel Frau Walborg. Eine Bekannte hatte das Gasthaus empfohlen. Sie sei im Juli mit ihren Kindern draußen gewesen und gut verpflegt worden. Man sei auch so ungeniert. Das alles hatte Walborg zugesagt und sie auf die Idee gebracht, ihre eingeschlossene Existenz zu durchbrechen. Für eine weitere Reise, die planvoll ins Werk gesetzt werden musste und mit allerlei Schwierigkeiten und dem Verkehr mit Menschen verknüpft war, hätte sie doch nicht den Mut gefunden.
Sie wollte ja auch nichts Ungeheuerliches erleben. Nur Ruhe und Frieden wollte sie genießen. Nun saß sie am Morgen nach ihrer Ankunft im Heidekraut. Ein dünnes Bändchen, eine Novelle von Turgenieff, lag ihr im Schoß. Sie hatte ein paar Seiten gelesen, dann mochte sie nicht mehr. Irgendetwas in ihr widerstrebte plötzlich heftig und wollte sich nicht vom Dichter in seine Stimmung zwingen lassen. Dieser graue Nebel über den Dingen, diese Traurigkeit, in die er seine Menschen einspinnt, der dumpfe Bann, der sich sacht auf den Leser lenkt, bis eine müde Hoffnungslosigkeit wie ein unabwendbares Schicksal seinen Geist und seine Seele lähmt ... Das war heute nichts für sie. Damit wollte sie hier nicht wieder beginnen.

Und als sie lange hinaus in den blauen Himmel sah, das Flimmern der Sonne auf dem weißen Sandweg, über den Gewächsen der Felder beobachtete und auf die verschiedenen Düfte merkte, die bald herbe, bald honigsüß, harzscharf oder mildkräftig aus Wald und Rain, von den Skabiosen und den Erikakelchen und von den Breiten des reifen Roggens zu dem unbegreiflich wundervollen Aroma des heißen stillen Sommermorgens zusammenströmten, da fühlte sie schon, dass sie noch empfinden konnte. Es stahl sich eine zarte Freude an der Erscheinung der Welt in ihre Sinne. Ihre Glieder dehnten sich, sie legte sich auf das weiche, nachgebende Blumenpolster, verschränkte die Arme unter dem Kopf und reckte sich. Ach, war das wohlig angenehm. Wie gut, dass sie nicht gezögert hatte und nun gerade die schönen Tage fand, die ersten ganz sicher schönen nach vielem Regen.

Mittags war sie erstaunt, eine ganze Table d'Hôte vorzufinden. Man hatte auf der Veranda gedeckt, die aus rohem Kiefernholz etwas unmotiviert neben das alte Haus gebaut war. Die Gäste bestanden meist aus Städtern, welche mit den Vorortzügen herausgekommen waren. Das Haus selbst beherbergte nur ein paar alte Damen und deren Nichten oder Töchter.

Walborg hatte sich gar nicht zurechtgemacht, nicht einmal das Haar geordnet. Kleine Blättchen und winzige Erikazweige hingen ihr noch in dem Nacken-Knoten, der wirr und lose geworden war vom Liegen. Die Sonne hatte sie förmlich durchglüht, sie fühlte, wie ihr die Wangen brannten. Die Hausgenossinnen ihr gegenüber am Tisch redeten sie gleich an und betrachteten sie mit augenscheinlichem Vergnügen. Walborg schwatzte munter, sie wunderte sich über sich selbst, wie zutraulich und lebhaft sie war. Als sie aufstand, um zu gehen, grüßte man sie von allen Seiten. Das machte ihr Spaß. Früher hatte sie große Macht über die Menschen besessen. Dann war sie unsicher geworden, weil die schöne Herrscherkraft bei dem Einen versagte. Und selbstquälerisch hatte sie beobachtet, wie die vergrämte Frau auch den Freunden gleichgültig zu werden begann. Die alten Damen hatten ihr innig die Hand gedrückt. Heiter ging Walborg über den mit bescheidenen Blumenanlagen dürftig gezierten Vorplatz durch die offen stehende Haustür in den breiten, altmodischen Flur. Sie hatte eine Frage an die Wirtin zu richten. Diese, eine behäbige Frau, stand in Unterhandlung mit einem soeben angelangten Radfahrer. Sein Fahrzeug lehnte am Tor. Er glühte vor Hitze. Walborg sah seinen braunroten Nacken, auf dem kleine Tropfen glitzerten. Nein, war der Mann echauffiert! Er blickte sich nach ihr um und lächelte, halb verlegen, sich in diesem Überzug von Staub und Schmutz vor einer Dame zeigen zu müssen. Aber es stand ihm nicht schlecht, denn er war jung und kräftig und seine Augen glänzten lustig. Es strahlte förmlich eine heiße Lebensfreude von ihm aus. Als er Walborg wartend stehen sah, ließ er ihr höflich den Vortritt. Nachdem ihr Anliegen seine Erledigung gefunden, dankte sie ihm mit einer Kopfbewegung und ging durch den Flur auf den Wirtschaftshof hinaus. Sie wohnte

im Rückgebäude, das nach dem Walde lag, in der oberen Etage. Man hatte sie hier einquartiert, weil sie um Ruhe gebeten hatte und weil man hier nichts von dem Kommen und Gehen der Tagesgäste spürte. Neben ihrem Zimmer befand sich ein großer, leerer Tanzsaal, der nur einige Male im Jahr benutzt wurde.

Walborg schloss, in ihrem Zimmer angelangt, die Jalousien, zog ihr Kleid aus und legte sich aufs Bett. Ein unendliches Wohlgefühl durchströmte sie. Im Einschlafen hörte sie Poltern vor ihrer Tür, Stimmen und Schritte, die sich wieder entfernten.

Von dem Tanzsaal führte eine Glastür auf einen breiten Balkon. Walborg hatte ihn gleich bei ihrer Ankunft entdeckt. Wenn man dort oben saß, schaute man mitten in das Geäst der alten Kiefern hinein. Sie hatte nach der Reise, froh dieser völligen Abgeschiedenheit, stundenlang träumend dem leisen Rauschen der Wipfel gelauscht, und bei dem eintönigen Wogen und Summen war sie schließlich doch wieder dahin gelangt, ihren alten Jammer neu zu zergrübeln.

Heute durchschritt sie wieder das große, verstaubte Gemach und trat hinaus, als das Abendrot den Wald zu färben begann. Sie sah eine Gestalt am Geländer lehnen, bestrahlt von rötlichem Licht, auch drang der Duft einer Zigarre zu ihr. Sie erkannte den Radfahrer, der am Mittag eingetroffen war. Er grüßte. Sie empfand einen ärgerlichen Verdruss. Es war ihr fatal, dass sie in ihrem Reich nun nicht mehr allein war. Am liebsten wäre sie sofort wieder umgekehrt.

»Es scheint, man hat uns beide hier oben mutterseelenallein einquartiert«, sagte der junge Mann lächelnd. »Ich lege Wert auf völlige Ruhe«, antwortete Walborg kühl. Er konnte merken, dass seine Gegenwart ihr lästig fiel.

»Nun, ich pflege mich nach einer weiten Tour in der Nacht außerordentlich still zu verhalten«, versicherte er eifrig, »ich hoffe also, die gnädige Frau nicht allzu sehr zu stören.«

»Ich glaube, es ist für uns beide Platz in dieser weitläufigen Etage«, bemerkte Walborg liebenswürdiger.

Auf ihren freundlichen Ton hin redete er noch ein wenig und erzählte ihr, dass er beabsichtige, am nächsten Tage mit seinem Rad weiterzugehen.

Und dann verstummten sie.

Von der schwindenden Sonne gesandt, wandelte das Abendglühen durch den Wald und glitt an den braunen Stämmen und Ästen empor, dass ihre Rinde sich rot und röter zu färben begann, bis ein purpurnes Leuchten überall, so weit das Auge reichte, aus dem dunklen Nadelwerk hervorstrahlte.

Und immer höher stieg der feurige Schein. Ein mächtiges, ein geheimnisvolles Leben in den alten Kiefernkronen. Als bräche die Glut, die sie den Tag über in ruhiger Kraft bezwungen und an sich gehalten, nun aus ihrem Innern hervor. Gleichsam von einer gewaltigen Leidenschaft entzündet – heiß, stark und innig glühend – stand der Wald. Und plötzlich war alles vorüber: das Leuchten, die Farbe, die Form, das Leben der Bäume. Mit einem Schlage. Starr, kalt, tot, in unbestimmten Massen verschwanden sie im fahlen Grau der aufsteigenden Dämmerung.

Der Mann neben Walborg wendete ihr sein Antlitz zu. »So möchte man leben und so sterben«, sagte er. »Wenn das Glück uns fasst, sich ganz durchflammen lassen und dann – kein Sehnen und Zappeln und Sperren und Haltenwollen ... Aus und vorbei!«

»Wohl dem, der die Kraft hat, so zu fühlen«, antwortete Walborg.

»Ha, man kann sich dazu erziehen«, rief der Radfahrer fröhlich. »Glauben Sie mir, gnädige Frau, nur dann hat man was und manchmal sogar recht viel vom Leben.«

»Das mag wohl sein«, erwiderte sie ausweichend.

Er berichtete ihr nun plaudernd von seinen Abenteuern den Tag über und ließ harmlos, mit einer Art von kindlich-liebenswürdiger Eitelkeit, merken, wie er auf seinem Rad der eigenen Gewandtheit und Geschicklichkeit froh werde. Walborg konnte das ganz gut verstehen, und die Offenheit, die Natürlichkeit, mit der er sich zeigte, wie er war, gefiel ihr.

Nebenbei bemerkte sie, dass eine angenehme Frische von seinem Körper ausging. Er hatte also gebadet. Das gab ihr gleich ein gutes Vorurteil für ihn.
Als sie sich zurückzog, schüttelten sie sich die Hände. Nachdem Walborg ihre kleinen Halbschuhe vor die Tür gesetzt hatte, während sie den Riegel vorschob, wurde sie plötzlich in der Einsamkeit ihres Zimmers ganz rot. Es war ihr ein wunderlicher Gedanke durch den Kopf gegangen.

»Gnädige Frau«, sagte der Kellner, »ich habe Ihr Frühstück auf den Balkon getragen.«
»'s ist recht, Georg.«
»Es wird heut sehr schwül. Jetzt geht die Luft noch ein wenig. Der Herr, der gestern angekommen ist, sitzt auch schon draußen.«
Walborg stutzte.
Ach Unsinn, sie war doch kein Kind mehr. Warum sollte sie nicht mit diesem Fremden eine halbe Stunde schwatzen, da sie sich doch gut unterhielten ... Mit schmerzhafter Wehmut ergriff sie das Bewusstsein: Sie war eine freie Frau, sie hatte nach niemand zu fragen.

Er stand auf, als sie heraustrat, wischte sich eilig den Bart mit dem kleinen Serviettchen und verbeugte sich. Seine Blicke liefen an ihrer Erscheinung hinab und ein leises Lächeln, halb schelmisch, halb bewundernd, zuckte um seine Nasenflügel.

Sie setzte sich und schenkte Tee aus dem kleinen neusilbernen Kännchen in die Tasse. Er klagte etwas über die Hitze. Heut sei kein Tag, an dem man radeln könne. Zerstreut stimmte sie zu.

»Nein, wie verwandelt der Wald ist«, sagte sie. »Gestern Abend die tiefen, satten Farben: Purpur, Braun, Schwarzgrün – heut alles hell, zart, duftig. Der feine Glanz der Nadeln gegen den blauen Himmel – und jetzt, wo der Wind durch die Kronen weht, das silbrig grüne Flirren und Flimmern ...«

Er betrachtete sie, nicht die Baumkronen, während sie sprach, und lächelte wieder.

»Wundervoll«, sagte er leicht ironisch.

»Sie haben ja gar nicht hingesehen.«

»Was wollen Sie, ich bin kein Naturschwärmer.«

»Oh!«

»Ja, ich habe mich nach der Richtung hin geprüft ... Sie mögen mich nun verachten, ich fühle positiv nichts. Eine hübsche Gegend ist mir nur wichtig als Rahmen für sonstiges Gute: für den Sport, für die Liebe!«

»Sie übertreiben. Gestern Abend zum Beispiel ...«

»Das war ein Sensationsstück, das die Natur uns vorspielte. Man betrachtet es, wie man sich eben ein gelungenes Theaterstück ansieht. Aber die geheimen, wundersamen Entzückungen ... Ich denke oft, da steckt auch ein rechtes Stück konventionelle Heuchelei.«

»Viele Menschen empfinden sie in Wahrheit.«

»Viele? Einzelne!«

»Nun ja, einzelne«, sagte Walborg nachdenklich, und sie dachte der Angst, wenn sie gefühlt, dass sie Friedrichs Farben-, Formen- und Stimmungsschwelgereien nicht verständnisvoll genug hatte folgen können – der Furcht, ihn durch einen unrichtig gewählten Ausdruck, durch Schweigen oder Reden zu reizen und zu kränken.

»Freude an der Natur ist eben ein Genuss wie ein anderer auch. Man muss sich nur nicht einbilden, dass er besser oder edler oder gütiger macht«, sagte sie, und es war ihr dabei angenehm, wie wenig man ihrem leichten Ton die schwere Erfahrung anhören konnte.

»Wenn Sie es so meinen, bin ich einverstanden«, rief er lebhaft. »Nur der Kult, den man in Deutschland mit so etwas treibt, ist mir verhasst, wie jeder Kult. Deutsche Naturempfindung, deutsches Gemüt, deutsche Treue und so weiter. Das Letzte ist auch so ein Kapitel ... Warum bewundern wir eigentlich Treue? Im Augenblick, wo sie bewusst ausgeübte Pflicht wird, vernichtet sie sich selbst und ist in Wahrheit schon gebrochen.«

»Sie ist eben keine Tugend, sondern eine Eigenschaft. Weh dem, der sie hat, sie kann zu einem bösen Schicksal werden.«

»Das ist eine arge Ketzerei, gnädige Frau!«

Walborg lachte. Rieger sah mit Erstaunen und Interesse, wie ernst ihre Augen blieben, während dieses leise spöttische Lachen ihren Mund umspielte.

Sie plauderten noch eine Weile so fort. Walborg fand plötzlich ein aufregendes Vergnügen darin, um die Wette mit dem fremden Manne ihre eignen Ideale, die sie so elend gemacht, zu zerpflücken und in alle Winde zu verstreuen.
An diesem Nachmittag schlief sie nicht. Mit fieberhaft arbeitendem Hirn und pochenden Schläfen lag sie auf ihrem Sofa.
Wieder der seltsame Gedanke von gestern Abend.
Er ließ sie nicht.
Und er wuchs und wuchs und nahm Gestalt an ... Hatte je eine Frau den Mut gehabt, solchen Gedanken zu packen, festzuhalten, danach zu handeln? Mit klarer, kalter Überlegung?
Und wenn sie den Mut besaß?
Was hatte sie denn zu verlieren?

Während sie mit Rieger auf der Veranda über Fragen der Literatur und der Kunst disputierte und lebhafter und kühner wurde, harrte eine tödliche Angst in ihrer Seele, ein Grauen vor dem eigenen Wollen. Das Gespräch geriet auf gefährliche Pfade. Wie war es möglich, die Liebe zu umgehen?
»Wissen Sie wohl, dass ich noch niemals einer Frau begegnet bin, die so rücksichtslos und zugleich so graziös mit ihrem ganzen Seelenvermögen va banque spielen kann?«, sagte der Mann. »Alle Achtung!«
Und da blitzte und funkelte das Lachen auch in ihren ernsten Augen. Mit einem Schlage verwandelten sich Angst

und Grauen in eine wilde Lust an jedem Wagnis. Am nächsten Morgen auf dem Balkon, wo sie nun schon wie gute Freunde miteinander hausten, teilte Rieger Walborg mit, er warte auf Briefe und müsse deshalb noch bleiben.
Sie hatte gewusst, dass es so kommen musste.
Sie hatte seinen Entschluss ja selbst herbeigeführt.
Und doch war sie bestürzt und erschüttert.
Gleich nachdem sie das Frühstück genossen, ergriff sie ihr Buch und ging in den Wald. Rieger hatte gefragt, was sie vornehmen wolle, aber in ihrer unbestimmten Auskunft lag die Antwort, sie wünsche seine Begleitung nicht. Beklommen saß sie auf den knisternden, dürren Nadeln. Die Luft war heiß und still, von Harzgeruch erfüllt, fast betäubend. Walborg saß mit geöffneten, trockenen Lippen, die Hände matt im Schoß. Ein atemraubendes Warten zehrte in ihr, wie ein glimmender, noch eingeschlossener Brand. Nein, durfte das sein? Was tat sie denn? Liebe war ja doch etwas Furchtbares! Aber sie liebte ihn auch nicht, den Fremden. Es war nur ein toller Siegerstolz, dass sie wieder begehrt wurde.
Ha! Sie sprang auf und warf die Arme über den Kopf zurück und reckte sich empor.
Endlich wieder, endlich wieder …!

LUCY MAUD MONTGOMERY

Anne auf Green Gables

Bei den täglichen Freuden und Pflichten verging der Winter schnell. Wie lauter goldene Perlen an einem langen Halsband erschienen Anne die prall gefüllten Tage und ehe sie sich's versehen hatte, kam auch schon der Frühling wieder, und rings um Green Gables fing die Natur zu blühen an.

Zu dieser Zeit verlor selbst der interessanteste Unterricht seinen Reiz. Mit sehnsüchtigen Augen saßen die Schüler und Schülerinnen, die sich auf das College vorbereiteten, in ihrem Klassenzimmer und schauten aus dem Fenster, während die anderen Kinder schon draußen über die grünen Wiesen sprangen. Die lateinischen Verben und französischen Sätze hatten ihre Anziehungskraft verloren. Selbst Anne und Gilbert ließen in ihrem Lerneifer spürbar nach. Lehrerin und Schüler waren gleichermaßen froh, als das Schuljahr zu Ende war und die langen Sommerferien vor ihnen lagen.

»Ihr habt sehr gute Arbeit geleistet«, sagte Miss Stacy am letzten Schultag, »und euch eine fröhliche, unbeschwerte Ferienzeit verdient. Ich hoffe, dass ihr in dieser Zeit für das nächste Schuljahr richtig Kraft schöpfen könnt. Dann wird es nämlich ernst: Das letzte Jahr vor der Aufnahmeprüfung beginnt.«

»Werden Sie nach den Ferien wiederkommen, Miss Stacy?«, fragte Josie Pye.

Diesmal waren ihre Mitschüler dankbar für Josies Neugierde, denn es hatte Gerüchte gegeben, dass Miss Stacy nicht als Lehrerin nach Avonlea zurückkehren würde, weil man ihre eine Stelle in ihrer Heimatstadt angeboren hatte. Gespannt hielten sie den Atem an.

»Ja, ich werde zurückkommen«, antwortete Miss Stacy. »Ich hatte zwar daran gedacht, an eine andere Schule zu gehen, aber dann habe ich mich doch dafür entschieden, in Avonlea zu bleiben. Um die Wahrheit zu sagen: Ich habe euch so ins Herz geschlossen, dass ich euch jetzt nicht im Stich lassen will. Ich werde euch bis zur Prüfung führen.«

»Hurra!«, rutschte es Moody Spurgeon heraus, der sich bisher selten eine Gefühlsregung hatte anmerken lassen. Gleich darauf wurde er knallrot und schaute beschämt vor sich hin.

»Ach, ich bin ja so froh!«, rief Anne mit glänzenden Augen. »Liebe Miss Stacy, es wäre zu schrecklich gewesen, wenn Sie nicht zurückgekommen wären. Ich glaube nicht, dass ich das überlebt hätte.«

Am selben Abend noch verstaute Anne alle ihre Schulbücher in einem alten Koffer auf dem Dachboden, schloss ihn ab und versteckte den Schlüssel an einem sicheren Ort.

»Keine Angst, Marilla, ich werde sie nach den Ferien schon wieder herausholen. Aber diesen Sommer will ich nach Herzenslust genießen. Wahrscheinlich ist es der letzte Sommer, den ich noch als kleines Mädchen erleben werde. Mrs Lynde sagt, wenn ich weiter so in die Höhe schießen würde, müsste ich bald längere Kleider tragen! Und wenn ich längere Kleider trage, dann werde ich mich auch gleich viel erwachsener und ernster fühlen – das weiß ich jetzt schon. Ich fürchte, ich werde dann noch nicht einmal mehr an Feen glauben, Marilla. Deshalb bin ich fest entschlossen, es diesen Sommer noch einmal so richtig ausführlich zu tun. – Ach, es werden wunderbare Ferien sein! Ruby Gillis wird bald ihre Geburtstagsparty geben und nächsten Monat findet das Sonntagspicknick statt. Mr Barry will an einem Abend mit Diana und mir ins White Sands Hotel zum Essen ausgehen. Jane Andrews war letzten Sommer dort essen. Es muss ein wunderbares Erlebnis sein, all die elektrischen Lampen und die vornehmen Damen zu sehen. Jane meinte, sie würde noch auf ihrem Sterbebett daran denken.«

Am nächsten Tag kam Mrs Lynde nach Green Gables, um zu fragen, warum Marilla beim letzten Mal nicht zur Versammlung des Frauenhilfswerks gekommen war. Wenn Marilla dort nicht erschien, musste etwas nicht in Ordnung sein.

»Matthew hatte am Donnerstag wieder Herzbeschwerden«, erklärte Marilla, »und ich wollte ihn nicht alleine lassen. Es geht ihm jetzt schon wieder besser, aber ich mache mir Sorgen um ihn. Der Doktor sagt, er müsse vorsichtig sein und dürfe sich nicht aufregen – als ob Matthew je in seinem Leben auf Aufregung aus war! Aber er hat auch gesagt, Matthew dürfe nicht mehr so hart arbeiten, und versuch du mal, Matthew von der Arbeit abzuhalten – da könnte man ihm genauso gut das Atmen verbieten. Komm, setz dich doch, Rachel. Möchtest du nicht zum Tee bleiben?«

»Nun, da du mich so nötigst, kann ich wohl schlecht Nein sagen«, antwortete Mrs Rachel, die freilich nie die geringste Absicht gehegt hatte, Marillas Einladung auszuschlagen.

Also setzten sich Mrs Rachel und Marilla gemütlich in den Salon, während Anne den Tee aufgoss und selbst gebackene Kekse servierte, die hell und weich genug waren, um selbst vor Mrs Rachels gestrengen Augen bestens zu bestehen.

»Ich muss schon sagen, Anne hat sich zu einem sehr geschickten jungen Mädchen entwickelt«, gab Mrs Rachel zu, als Marilla sie später noch bis zum Hohlweg begleitete. »Sie ist sicherlich eine große Hilfe für dich.«

»Ja, das stimmt«, sagte Marilla, »und sie ist sehr fleißig und zuverlässig geworden. Ich hatte schon Angst, sie würde diese Flausen nie loswerden, aber jetzt würde ich ihr in jeder Hinsicht vertrauen.«

»Ich hätte nie gedacht, dass sie sich so mausern würde, als ich sie vor drei Jahren zum ersten Mal gesehen habe«, sagte Mrs Rachel. »Liebe Güte! Ich werde nie vergessen, wie sie damals ihren Wutanfall bekam! An jenem Abend sagte ich zu Thomas: ›Denk an meine Worte, Thomas. Marilla Cuthbert wird ihren Entschluss noch bitter bereuen.‹

Aber ich hatte unrecht und ich bin froh darüber. Ich gehöre nicht zu jenen Leuten, die ihre eigenen Fehler nicht eingestehen können – nein, das war noch nie meine Art und ich danke dem Himmel dafür. Ich habe einen Fehler gemacht, als ich Anne in Bausch und Bogen verurteilte. Allerdings war das auch kein Wunder, wenn man bedenkt, was für eine seltsame, unberechenbare kleine Hexe sie war! Mit den normalen Methoden der Kindererziehung war ihr nicht beizukommen. Es ist unglaublich, wie sie sich in den letzten drei Jahren herausgemacht hat – besonders auch im Aussehen. Sie ist ein richtig hübsches Mädchen geworden, obgleich ich nicht sagen kann, dass blasse, großäugige Mädchen mein Typ sind. Die brünetten, kräftigen Mädchen wie Diana Barry und Ruby Gillis gefallen mir besser. Aber es ist seltsam ... ich weiß nicht genau, wie das kommt, aber wenn Anne und sie zusammen sind, sehen die anderen neben ihr gewöhnlich und irgendwie aufgedonnert aus. Sie ist wie eine kleine weiße Narzisse unter großen roten Pfingstrosen – jawohl!«

Am Morgen

Wenn du vom nächt'gen Schlaf erwacht,
wird dir die Frage frommen:
Welch sprungbereiten Unglücks Macht
kann über mich heut kommen? –
Um, wenn es wirklich dich beschlich,
nicht kraftlos zu verzagen,
sieh früh dich vor und rüste dich,
das Ärgste zu ertragen.

Dann aber geh mit festem Sinn
auch an die zweite Frage:
Was wird an heiter'm Lustgewinn
mir wohl am heut'gen Tage? –
So übe dich in tiefer Brust,
bei allem Schicksalstreiben,
beim Wechselspiel von Schmerz und Lust
dir stets getreu zu bleiben.

BETTY PAOLI

Quellen

Mona Ameziane, **Auf Basidis Dach** © 2023, Verlag Kiepenheuer & Witsch GmbH & Co. KG, Köln

Fatma Aydemir, **Dschinns** © 2022 Carl Hanser Verlag GmbH & Co. KG, München. Mit freundlicher Genehmigung von Carl Hanser Verlag GmbH & Co. KG

Nellie Bly: **Around the World in 72 Days. Die schnellste Frau des 19. Jahrhunderts.** Aus dem Englischen von Josefine Haubold, herausgegeben und mit einem Vorwort von Martin Wagner © 2013 AvivA Verlag, Berlin

Karen Duve, **Fräulein Nettes kurzer Sommer** © 2018, Verlag Kiepenheuer & Witsch GmbH & Co. KG, Köln. Erschienen bei Galiani, Berlin

Theresia Enzensberger, **Auf See** © 2022 Carl Hanser Verlag GmbH & Co. KG, München. Mit freundlicher Genehmigung von Carl Hanser Verlag GmbH & Co. KG

Ildikó von Kürthy, **Wenn Träume wahr werden,** aus: dies., Problemzonen. Über das Leben, die Sehnsucht und die Liebe danach. Die besten Texte © 2018, Rowohlt Verlag GmbH, Hamburg

Lucy Maud Montgomery, **Anne auf Green Gables.** Aus dem Kanadischen übersetzt von Irmela Erckenbrecht und Maria Rosken © 2010 Loewe Verlag GmbH, Bindlach

Alena Schröder, **Junge Frau, am Fenster stehend, Abendlicht, blaues Kleid** © dtv Verlagsgesellschaft mbH & Co. KG, 2021 München, S. 234–242. Mit freundlicher Genehmigung von dtv Verlagsgesellschaft mbH & Co. KG

Auszug aus: *Caroline Wahl,* „**22 Bahnen**" © 2023 DuMont Buchverlag, Köln, S. 132 ff.